Allen dos Santos Pinto da Silva Filho

UMA REFLEXÃO SOBRE OS RESULTADOS DO PROGRAMA STARTUP RIO 2015 À LUZ DA LEI DE INOVAÇÃO

1ª Edição

LawBrain.Space

Pensando Direito

De forma Diferente

Rio de Janeiro

2018

"A inovação reforçará o crescimento econômico e proporcionará às gerações futuras os empregos que desejam. Os graduados que entram na força de trabalho hoje não querem necessariamente permanecer nos empregos das fábricas anteriores, eles querem usar sua criatividade e curiosidade para construir futuros mais brilhantes em todo o mundo".
Gary Shapiro, presidente e CEO da CTA.

"O século XX foi o século das invenções e descobertas, mas o século XXI será o século das Aplicações".
Professora Dra. Marinilza Bruno de Carvalho

"Você é – dir-lhe-ão – um inovador perigoso, um utópico, um teórico, um subversivo, você está abalando as bases sobre as quais repousa a sociedade."
Frédéric Bastiat

Dedico este trabalho aos meus pais, Allen e Elisabeth, que com muito esforço e apoio incondicional me preparam para a vida, para Ana Luísa Raed, que sempre esteve ao meu lado; para Carolina, que a cada dia me ensina como ser feliz com o mínimo possível; para meus irmãos, Monica e Renato, que espiritual, mental e fisicamente sempre estão do meu lado me lembrando como é importante estudar e criar as nossas oportunidades. Aos demais familiares pelo apoio e carinho fraterno.

AGRADECIMENTOS

Aos meus colegas da turma do Programa de Mestrado em Direito da Universidade Candido Mendes pela oportunidade que me proporcionaram nesse período, com destaque e por ordem alfabética para não criar problemas pessoais: Diógenes, Leonardo, Mavili, Rodrigo, Otávio, Taiane e Tatiane. Agradeço profundamente por terem contribuído nas minhas pesquisas, mas, essencialmente, pelos conselhos e discussões. Aos demais colegas de turma, meu muito obrigado por me permitirem auxiliar de alguma forma nas suas vidas acadêmicas. Ao Professor Doutor João Marcelo de Lima Assafim, pelo acolhimento e esforço empreendido na defesa do Programa de Mestrado. Ao Professor Doutor orientador André Guilherme Lemos Jorge, advogado e culto jurista, que muito me enriqueceu com suas experiências acadêmicas e profissionais relatadas em nossas reuniões. Sua singeleza e objetividade em encarar o Direito Constitucional me fizeram refletir e enxergar por outro ângulo o quanto precisamos evoluir e respeitar as Instituições. Suas lições serão guardadas para toda vida. Agradeço-o pela paciência, gentileza no trato e, principalmente, pelo estímulo para seguir com este trabalho. Agradeço aos Professores Doutores Manoel Messias Peixinho, Ivan Simões Garcia, Pedro Tórtima, Alberto Nogueira, Ricardo Luiz Sichel e Gustavo Senges, por demonstrarem os saberes necessários à prática educativa. Ao Professor Doutor José Cláudio Ferreira da Silva, por me aceitar no Programa do Mestrado em Economia da Universidade Candido Mendes. Agradeço aos Professores Doutores Celia Lessa Kerstenetzky e Renata La Rovere e Charles Pessanha, por me aceitarem como aluno nas suas disciplinas no Instituto de Economia da Universidade Federal do Rio de Janeiro. Agradeço aos Professores Doutores Marinilza Bruno de Carvalho José Carlos Vaz, por me integrar na InovUerj. Agradeço a todos os participantes das minhas pesquisas empíricas. Agradeço aos funcionários do Programa de Mestrado (Antonio, Rafaela e Kamilla). Agradeço ao Doutor Regis Cabral, da Funding for European Projects – Suécia, e a Doutora Yasmin Pastore Abdalla, pela leitura do esboço desse trabalho e pelas pertinentes observações. Agradeço a Professora Geiza Rocha pela inclusão no Fórum Permanente de Desenvolvimento Estratégico da Assembléia Legislativa do Rio de Janeiro. Agradeço a todas as pessoas que compartilharam suas ideias comigo nos eventos que participei. Agradeço a Professora Mariana Temoteo, pela revisão. Agradeço a todos que não contribuíram ou dificultaram minha passagem pelo Mestrado, eis que me deram força para manter o foco e terminar este trabalho em um período menor do que o previsto.

RESUMO

Este Livro tem sua origem na Dissertação apresentada no Programa de Mestrado em Direito da Faculdade de Direito da Universidade Candido Mendes, área de concentração Direito Econômico e Desenvolvimento; linha de pesquisa Estado, Empresa, Tributação e Responsabilização Civil, Penal e Administrativa, como requisito para obtenção do título de Mestre em Direito, sob a orientação do Professor Doutor André Guilherme Lemos Jorge. Dissertação apresentada ao Programa de Mestrado em Direito, submetida à aprovação da Banca Examinadora composta pelos seguintes membros: Orientador Prof. Dr. André Guilherme Lemos Jorge, Prof. Convidado: Dr. Thadeu Andrade da Cunha e Prof. Convidado: Dr. Vinicius Bogéa Câmara. Após a promulgação da Constituição de 1988, verifica-se um intervencionismo legislativo cada vez mais intenso e abrangente, com a criação diária de leis. A produção legislativa não vai de encontro com a atividade fiscalizadora da Administração Pública. A Lei nº 10.973, de 02 de dezembro de 2004, conhecida como a Lei da Inovação, dispõe sobre incentivos à inovação e à pesquisa científica e tecnológica, no entanto, alguns programas governamentais não tem métricas ou controle para avaliar se a Política Pública está correta. A falta do controle rígido da utilização e destinação da subvenção econômica fornecida e, por conseguinte, do resultado obtido no projeto e a cobrança do percentual referente aos eventuais resultados econômicos e outros direitos decorrentes da concessão do auxílio, ocasionam uma perda financeira para o Estado, bem como o não desenvolvimento econômico almejado. No que tange à metodologia, valeu-se do método descritivo para ter ciência do que já foi relatado sobre o tema. Nesse passo, as fontes primárias são extraídas da doutrina elaborada por doutrinadores clássicos e contemporâneos do Direito Constitucional e, num viés secundário, a legislação vigente no ordenamento pátrio. O estudo foi desenvolvido com base no método dedutivo e empírico, utilizando-se a pesquisa bibliográfico-documental e quantitativa. A amostragem documental considerou publicações de livros, artigos e periódicos que contextualizam inovação tecnológica e os desafios para um efetivo desenvolvimento. Buscou-se ainda uma correlação entre a elaboração da norma e suas contribuições nas discussões sobre inovação tecnológica, refletidas no desenvolvimento, abordadas nos modelos Estadista e Triângulo de Sábato. Para tanto, fazemos analisamos o Programa da FAPERJ "STARTUP RIO 2015: APOIO À DIFUSÃO DE AMBIENTE DE INOVAÇÃO EM TECNOLOGIA DIGITAL NO ESTADO DO RIO DE JANEIRO". Utilizamos como fonte de dados o "RELATÓRIO DAS CONTAS CONSOLIDADAS DO GOVERNO DO ESTADO DO RIO DE JANEIRO", elaborado pela Auditoria Geral do Estado, emitido pela Secretaria da Fazenda, e pesquisa empíricas realizadas nas Agências de Inovação da UERJ, UFRJ, UFF, na FAPERJ, em Congressos, Seminários e demais eventos que foi debatido a Lei da Inovação e, por fim, na participação do Fórum Permanente de Desenvolvimento Estratégico do Estado do Rio de Janeiro, criado pela ALERJ, onde foi debatido e ofertado propostas para o Projeto da Lei que visa alterar a Lei Estadual da Inovação.

ABSTRACT

Following the promulgation of the 1988 Constitution, there is an increasingly intense and comprehensive legislative interventionism with the daily creation of laws. Legislative production does not go against the inspection activity of the Public Administration. Law No. 10,973 of December 2, 2004, known as the Innovation Law, provides incentives for innovation and scientific and technological research, however, some government programs do not have metrics or control to evaluate if the Public Policy is correct . The lack of strict control of the use and allocation of the economic subsidy provided, and consequently of the result obtained in the project and the collection of the percentage referring to the possible economic results and other rights resulting from the granting of the aid, cause a financial loss for the State, as well as the lack of economic development. Regarding the methodology, he used the descriptive method to be aware of what has already been reported on the subject. In this step, the primary sources are drawn from the doctrine elaborated by classical and contemporary doctrines of Constitutional Law and, in a secondary bias, the legislation in force in the country order. The study was developed based on the deductive and empirical method, using bibliographical-documental and quantitative research. The documentary sampling considered publications of books, articles and periodicals that contextualize technological innovation and the challenges for an effective development. It was also sought a correlation between the elaboration of the standard and its contributions in the discussions on technological innovation, reflected in the development, addressed in the Statesman and Triangle Models of Sábato. To do so, we analyze the FAPERJ Program "STARTUP RIO 2015: SUPPORT FOR THE DIFFUSION OF INNOVATION ENVIRONMENT IN DIGITAL TECHNOLOGY IN THE STATE OF RIO DE JANEIRO". We used the "CONSOLIDATED ACCOUNTS REPORT OF THE GOVERNMENT OF THE STATE OF RIO DE JANEIRO", prepared by the State General Audit, issued by the Treasury Department, and empirical research carried out at the Innovation Agencies of UERJ, UFRJ, UFF, in the FAPERJ, in Congresses, Seminars and other events that discussed the Innovation Law and, finally, the participation of the Permanent Forum of Strategic Development of the State of Rio de Janeiro, created by ALERJ, where proposals were discussed and offered for the Law that aims to change the State Law of Innovation.

SUMÁRIO

INTRODUÇÃO

A presente dissertação, situada na área de concentração Direito Econômico e Desenvolvimento, na linha de pesquisa Desenvolvimento Humano, Empresa, Tributação e Responsabilização (Civil, Penal e Administrativa), tem por escopo a obtenção do título de Mestre em Direito.

O tema contribuirá para área do Direito, no sentido de trazer a discussão da necessidade da Regulamentação da Lei da Inovação para contribuir com a finalidade que se propõe a norma legal.

Nesse sentido, avulta destacar que a consulta ao banco de teses da Coordenação de Aperfeiçoamento de Pessoal de Nível Superior (CAPES) ratifica a relevância do estudo, haja vista que situa a presente pesquisa no cenário da produção do conhecimento na área em nível nacional. Assim, a tabela abaixo demonstra o quantitativo de teses obtido quando se lançam as principais palavras-chave relacionadas ao foco do presente estudo, conforme segue:

Palavras-chave	Total de Registros (quantitativo de

	teses e dissertações)
Eficiência	50.542
Inovação	23.448
Desenvolvimentista	243.682
Estado	177.552
Bem estar social	301.793

Fonte: Banco de teses e dissertações da CAPES: combinação palavras-chave. Dados coletados em 12 de junho de 2017.

A tabela ora apresentada revela uma grande quantidade de trabalhos quando as palavras-chave são apresentadas de forma separada:

Palavras-chave	Total de Registros (quantitativo de teses e dissertações)
Eficiência legislativa	53.049
Estado desenvolvimentista	178.007
Intervenção estatal	35.489
Lei da inovação	936.409
Bem estar social e desenvolvimento	953.247

Tabela 2 Banco de teses e dissertações da CAPES: combinação palavras-chave. Coletados em 12 de junho de 2017.

De outro giro, quando combinadas as palavras-chave buscando-se o contexto do tema abordado na dissertação, o número aumenta consideravelmente. Nessa acepção, percebe-se que o tema é objeto de pesquisa em inúmeros contextos e sob as mais variadas formas, mas a pesquisa demonstra a sua relevância conquanto aborda cenários e argumentos inovadores, que contribuirão para a produção do conhecimento em nível nacional.

A questão central da pesquisa diz respeito à atuação do Estado como ator no desenvolvimento da sociedade.

Pretendemos, a partir de uma abordagem transdisciplinar, investigar a disciplina jurídica da intervenção dos poderes públicos na economia por meio da realização de políticas públicas dirigidas ao crescimento econômico e ao desenvolvimento, a partir da oferta de serviços públicos.

O Estado, por meio da Administração Pública, é o encarregado de representar a coletividade. Assim, deve-se articular a Ciência do Direito com as ações promovidas pelo Estado, notadamente as Políticas Públicas formuladas e implementadas pelos agentes públicos, que impactam diretamente na sociedade e no desenvolvimento econômico.

Nesse viés, os principais problemas de uma

sociedade comumente estão relacionados a questões econômicas, sociais, ambientais e políticas. Nesse ínterim, as deficiências da boa governança estão corroborando para dificultar a elevação do grau do crescimento econômico no Estado do Rio de Janeiro.

A hipótese problema é saber se a Lei nº 10.973/2004 (Lei da Inovação), quando utilizada pelo agende público, dispõe de métodos que efetivem o desenvolvimento econômico no Estado do Rio de Janeiro, conforme dispõe o artigo 1º, XII, da mencionada Lei.

O tema contribuirá para área do Direito, no sentido de trazer a discussão da necessidade da Regulamentação da Lei da Inovação para atingir a finalidade que se propõe a norma legal.

No que tange à metodologia, valeu-se do método descritivo para ter ciência do que já foi relatado sobre o tema. Nesse passo, as fontes primárias são extraídas da doutrina elaborada por doutrinadores clássicos e contemporâneos do Direito Constitucional e, num viés secundário, a legislação vigente no ordenamento pátrio. O estudo foi desenvolvido com base no método dedutivo e empírico, utilizando-se a pesquisa bibliográfico-documental e quantitativa.

A amostragem documental considerou publicações de livros, artigos e periódicos que contextualizam inovação tecnológica e os desafios para um efetivo desenvolvimento. Buscou-se ainda uma correlação nas discussões sobre inovação tecnológica, refletidas no desenvolvimento, abordadas nos modelos Estadista, Triângulo de Sábato e Hélice Tripla.

Para tanto, analisamos o Programa da FAPERJ "STARTUP RIO 2015: APOIO À DIFUSÃO DE AMBIENTE DE INOVAÇÃO EM TECNOLOGIA DIGITAL NO ESTADO DO RIO DE JANEIRO".

Utilizamos como fonte de dados o "RELATÓRIO DAS CONTAS CONSOLIDADAS DO GOVERNO DO ESTADO DO RIO DE JANEIRO", elaborado pela Auditoria Geral do Estado, emitido pela Secretaria da Fazenda, e pesquisa empíricas realizadas nas Agências de Inovação da UERJ, UFRJ, UFF, na FAPERJ, em Congressos, Seminários e demais eventos em que foi debatida a Lei da Inovação e, por fim, na participação do Fórum Permanente de Desenvolvimento Estratégico do Estado do Rio de Janeiro, criado pela ALERJ, onde foram elaboradas propostas para o Projeto da Lei que visa alterar a Lei Estadual da Inovação.

Nesse intuito, o trabalho foi dividido em quatro capítulos, a saber:

No primeiro capítulo, fez-se um estudo sobre a evolução da ordem econômica na Constituição Federal acoplado a evolução ao desenvolvimento do Estado brasileiro, abordando de forma histórica a Era Vargas (1930-1945), a Quarta República (1946-1964), Ditadura militar (1964-1985) e o Estado empreendedor (1988-2017), abordando alguns índices de desenvolvimento da indústria e comércio e qual a situação do ensino universitário.

O segundo capítulo abordamos a Lei da Inovação e seus principais pontos, bem como explicamos o que é e para que serve uma Agência de Fomento, utilizando a Fundação Carlos Chagas de Pesquisa do Estado do Rio de Janeiro – FAPERJ – como objeto de estudo.

No terceiro capítulo foi dedicado à análise das diretrizes para inovação, com ênfase na propriedade intelectual, à produção de conhecimento tácito e codificado ao empreendedorismo.

No quarto capítulo demonstraremos como a FAPERJ apoia a difusão de ambiente de inovação em tecnologia digital no Estado do Rio de Janeiro através de Programas destinado a projetos que podem vir a se tornar empresas nascentes de base tecnológica.

O objetivo deste trabalho é demonstrar como é importante a promulgação de normas eficientes, eficazes e efetivas, para que o Estado, através do Programa Governamental STARTUP RIO, por exemplo, produza inovação. E ainda, como é necessário um controle rígido da Administração Pública, no presente estudo representada pela FAPERJ, para que a receita dispendida em qualquer programa de fomento gere resultado efetivo e/ou mensurável com fito de produzir o desenvolvimento econômico no Estado do Rio de Janeiro.

Nessa trilha, o presente trabalho não teve a pretensão de ser exaustivo, mas, por certo, virá suscitar maiores questionamentos sobre tão relevante matéria que gera impactos em toda a sociedade.

1. O DESENVOLVIMENTO DA ORDEM ECONÔMICA

Em 1933, foi publicado o livro **Que é uma Constituição?**, do autor Ferdinand Lassale, e nele consta um trecho que reflete o presente:

> Em todos os lugares e a qualquer hora, à tarde, pela manhã e à noite, estamos ouvindo falar da Constituição e de problemas constitucionais. Na imprensa, nos clubes, nos cafés e nos restaurantes, é esse o assunto obrigatório de todas as conversas.[1]

Dessa forma, não poderíamos excluir um trecho sobre a Constituição Federal, porque é a norma fundamental da nação brasileira. É nela que está toda a organização, definição de direitos e normas programáticas do país, sendo esta última a que nos interessa nesse Capítulo: a norma constitucional programática[2], especificamente a prevista no artigo 170, da Constituição Federal.

Nesse capítulo, será exposta uma breve noção histórica da evolução da Ordem Econômica acoplada à

---

1 LASSALLE, Ferdinand. **A essência da constituição**. 9. ed. Rio de Janeiro: Freitas Bastos, 2015. pág. 15.

2 "As normas constitucionais programáticas são as cujo objeto imediato o estabelecimento de fins públicos a serem alcançados pelo Estado e sociedade, sem especificação dos meios para a obtençãoi das finalidades colimadas, (...). Ante o exposto, as normas constitucionais programáticas não possibilitam a exigibilidade de prestações positivas ou negativas do Poder Executivo, bem como providências normativas do Poder Legislativo, porém investem os jurisdicionados na faculdade de demandas das entidades e órgãos estatais que se abstenham de quaisquer atos que contrariem os programas traçados na Constituição da República.". MORAES, Guilherme Peña. **Direito Constitucional: Teoria da Constituição**. 4ª ed. Rio de Janeiro: Editora Lumen Juris, 2007. pág. 78.

evolução do Estado brasileiro

Trataremos somente da Era Vargas (1930-1945), Quarta República (1946-1964), Ditadura militar (1964-1985) e O Estado Empreendedor (1988-2017).

Este Capítulo apresentará uma evolução histórica da Ordem Econômica nas Constituições vigentes a cada época aqui destacada, eis que:

> Todo povo tem na sua evolução, vista à distância, um certo "sentido". Este se percebe não nos pormenores da sua história, mas no conjunto dos fatos e acontecimentos essenciais que a constituem num longo período de tempo. (...) Visto deste ângulo geral e amplo, a evolução de um povo se torna explicável. Os pormenores e incidentes mais ou menos complexos que constituem a trama de sua história e que ameaçam por vezes nublar o que verdadeiramente forma a linha mestra que a define, passam para o segundo plano, e só então nos é dado alcançar o sentido daquela evolução, compreendê-la, explicá-la. (...) Não se compreende por isso, se desprezarmos inteiramente aquela evolução, o que nela houve de fundamental e permanente. Numa palavra, o seu sentido.[3]

1.1. Precursores do desenvolvimentismo no Brasil

---

3 Prado Jr., Caio. **Formação do Brasil contemporâneo: colônia**. São Paulo: Companhia das Letras, 2011. pág. 15.

Nos anos 30, o contexto internacional prejudicava investimento externo, por isso, além da intervenção estatal na indústria brasileira, o Estado mobilizou o capital nacional para financiar o desenvolvimento, estimulando o crédito através do Banco do Brasil.

Já antes de assumir a Presidência da República, Getúlio Vargas afirmava, em entrevista para Correio do Povo, 03/12/1927[4], que o "desenvolvimento econômico deve ter por objetivo tornar a riqueza abundante", e que se "o dinheiro metálico é a medida dos valores, ele, no conceito corrente dos economistas, pela escassez de seu volume (...) já não satisfaz à exigência do progresso econômico". Assim, por "imposição da própria necessidade, surgiu um elemento imaterial destinado a atingir os limites da flexibilidade, que é o crédito".

O período abrange as décadas de 1930 e 1940 quando, sob o impulso da Revolução de 1930, foram construídas as bases do Brasil moderno. Essas mudanças diziam respeito, principalmente, às bases do desenvolvimento, ao modelo econômico adotado, à

---

4   Correio do Povo. Disponível em: <https://goo.gl/QVHsgs>. Acesso em 31 jul. 2017.

ênfase na industrialização orientada pelo Estado, à liberalização política e ao controle social e sindical.[5]

A Constituição Federal vigente era de 1891[6], a primeira após adoção do regime de República. No contexto econômico os únicos dispositivos relacionados ao desenvolvimento eram os dispostos nos artigos 72, §§ 24 até 27.

Nessa fase, o país estruturou-se como um Estado nacional moderno que ampliava suas funções de intervencionismo econômico e social ao mesmo tempo em que se tornava um Estado burocrático.

Com a promulgação da Constituição de 1934[7], foi introduzida uma nova ordem jurídico-política que

---

5   O Brasil que Vargas deixou > Vargas e as bases do desenvolvimento. Centro de Pesquisa e Documentação de História Contemporânea do Brasil (CPDOC). Disponível em: <https://goo.gl/sF5ZcL>. Acesso em 31 jul. 2017.

6   "Nós, os representantes do povo brasileiro, reunidos em Congresso Constituinte, para organizar um regime livre e democrático, estabelecemos, decretamos e promulgamos a seguinte". CONSTITUIÇÃO DA REPÚBLICA DOS ESTADOS UNIDOS DO BRASIL (DE 24 DE FEVEREIRO DE 1891). Disponível em: <https://goo.gl/H7HnRW>. Acesso em 02 ago. 2017.

7   "Nós, os representantes do povo brasileiro, pondo a nossa confiança em Deus, reunidos em Assembléia Nacional Constituinte para organizar um regime democrático, que assegure à Nação a unidade, a liberdade, a justiça e o bem-estar social e econômico, decretamos e promulgamos a seguinte". CONSTITUIÇÃO DA REPÚBLICA DOS ESTADOS UNIDOS DO BRASIL (DE 16 DE JULHO DE 1934). Disponível em: <https://goo.gl/HM8wbH>. Acesso em 02 ago. 2017.

consagrava a democracia e outros direitos individuais, artigos 113, itens 13, 17 até 20, 34, bem como que a possibilidade de monopólio em determinada indústria ou atividade econômica e fomento da economia popular através da lei, artigos 115 até 143.

Nesse ínterim, motivada pelo desenvolvimento industrial e a crise na agricultura[8], a população brasileira migrou do campo para as áreas urbanas, ocasionando um fortalecimento da economia brasileira e da opção política pela ideia de desenvolvimento econômico, que se forma através dos seguintes elementos: industrialização, intervencionismo pró-crescimento, nacionalismo e positivismo.

Com o crescimento desse ímpeto desenvolvimentista do Estado, fazia-se necessária uma melhora na educação da população, principalmente, na do trabalhador. Para tanto, alguns empresários

---

8 “Para o Brasil este foi um período particularmente difícil porque o café, o mias dinâmico produto da economia e principal fonte de receita de exportação do País, enfrentava uma crise profunda devido ao excesso de produção e baixos preços do produto”. ARVIN-RAD, Hassan et al. Industrialização e Desenvolvimento no Governo Vargas: Uma Análise Empírica de Mudanças Estruturais. Estudos Econômicos (São Paulo), São Paulo, v. 27, n. 1, p. 127-166, june 2016. ISSN 1980-5357. Disponível em: <http://www.revistas.usp.br/ee/article/view/116885>. Acesso em 31 jul. 2017.

brasileiros formularam em 1931, nos moldes da *Taylor Society*[9], a criação do Instituto de Organização Racional do Trabalho[10] (IDORT).

A criação do IDORT foi um importante ponto de apoio para a instituição do Serviço Nacional de Aprendizagem Industrial[11] (SENAI), integrante do chamado "Sistema S", ampla rede de formação profissional existente ainda hoje no país.

Por isso, resta evidente que muito antes de 1990, quando Henry Etzkovitz descreveu o modelo de inovação com base na relação governo-universidade-indústria como a Hélice tríplice, o Estado brasileiro já apresentava o modelo indústria-educação-governo.

---

9 Taylorismo ou Administração científica é o modelo de administração desenvolvido pelo engenheiro norte-americano Frederick Taylor (1856-1915), considerado o pai da administração científica e um dos primeiros sistematizadores da disciplina científica da administração de empresas.

10 "O Instituto de Organização Racional do Trabalho, foi criado em 1931, centralizando as discussões do projeto industrial para o país, bem como as discussões sobre as proposta para a educação profissional, que deveria se pensada na perspectiva da formação de novo trabalhador, para um industria em processo de crescimento.". BATISTA, Eraldo Leme. O Instituto de Organização Racional do Trabalho - IDORT, como instituição educacional nas décadas de 1930 e 1940 no Brasil. Revista HISTEDBR On-line, [S.l.], v. 15, n. 63, p. 33-44, out. 2015. ISSN 1676-2584. Disponível em: <https://goo.gl/fHb1ob>. Acesso em: 31 jul. 2017. DOI: https://goo.gl/9CcVd2.

11 Instituído pelo Decreto-Lei nº 4.048, de 22 de janeiro de 1942.

Pois bem, considerando que a Constituição de 1934 tinha um viés liberal, em 1937, é promulgada uma nova Carta Magna[12], baseada nas Constituições de regimes autoritários, instituindo-se o Estado Novo com uma Ordem Econômica, 135 até 155, mais focada numa economia industrializada.

Com previsão constitucional e perseguindo um nacionalismo necessário em função da crise externa, o

12 "ATENDENDO às legitimas aspirações do povo brasileiro à paz política e social, profundamente perturbada por conhecidos fatores de desordem, resultantes da crescente a gravação dos dissídios partidários, que, uma, notória propaganda demagógica procura desnaturar em luta de classes, e da extremação, de conflitos ideológicos, tendentes, pelo seu desenvolvimento natural, resolver-se em termos de violência, colocando a Nação sob a funesta iminência da guerra civil; ATENDENDO ao estado de apreensão criado no País pela infiltração comunista, que se torna dia a dia mais extensa e mais profunda, exigindo remédios, de caráter radical e permanente; ATENDENDO a que, sob as instituições anteriores, não dispunha, o Estado de meios normais de preservação e de defesa da paz, da segurança e do bem-estar do povo; Sem o apoio das forças armadas e cedendo às inspirações da opinião nacional, umas e outras justificadamente apreensivas diante dos perigos que ameaçam a nossa unidade e da rapidez com que se vem processando a decomposição das nossas instituições civis e políticas; Resolve assegurar à Nação a sua unidade, o respeito à sua honra e à sua independência, e ao povo brasileiro, sob um regime de paz política e social, as condições necessárias à sua segurança, ao seu bem-estar e à sua prosperidade, decretando a seguinte Constituição, que se cumprirá desde hoje em todo o Pais:". CONSTITUIÇÃO DOS ESTADOS UNIDOS DO BRASIL (DE 10 DE NOVEMBRO DE 1937). Disponível em: <https://goo.gl/yTm3LT>. Acesso em 02 ago. 2017.

Estado iniciou seu processo de intervenção no desenvolvimento econômico, criando empresas estatais, as quais se destacam três importantes empresas[13], a Companhia Siderúrgica Nacional[14], a Companhia Vale do Rio Doce[15] e Petrobras[16].

Em relação ao processo de inovação, foram criados os seguintes institutos e órgão de pesquisa: Instituto Geológico e Mineralógico do Brasil, a Estação Experimental de Combustível e Minérios, o Instituto de Química, o Instituto Biológico Federal, o Laboratório Central e Indústria Mineral e, posteriormente, o Instituto Nacional do Sal, Conselho Nacional do Petróleo, Fábrica Nacional de Motores, Conselho Nacional de Ferrovias, Usina Siderúrgica de Volta Redonda e do Conselho Nacional de política Industrial e a Comissão de Planejamento Econômico.

Para tanto, em função desse movimento

---

13 A Companhia Siderúrgica Nacional e a Companhia Vale do Rio Doce tem sua origem em um acordo feito entre Brasil e Estados Unidos da América, Acordos de Washignton, o qual ficou instituído o apoio brasileiro ao Estado estadunidense durante a Segunda Guerra Mundial. Por sua vez, a Petrobras é instituída pelo Lei nº 2004/1953 para evitar o domínio do Estado estadunidense no setor de exploração de petróleo.

14 Instituída pelo Decreto-Lei nº 3.002, de 30 de janeiro de 1941.

15 Instituída pelo Decreto-Lei, nº 4.352, de 1º de junho de 1942.

16 Instituída pela Lei nº 2.004, de 3 de outubro de 1953. (Revogada pela Lei nº 9.478, de 1997.)

desenvolvimentista, eram necessárias normas que regulamentassem a relação empregado e empregador. E, após a criação da Justiça do Trabalho, em 1939[17], foi sistematizada a Consolidação das Leis Trabalhistas. Essas leis foram necessárias para a organização das relações de trabalho que vinham sendo estabelecidas no país.

Nesse período, também é criado um importante componente para o desenvolvimento econômico do Estado, o Instituto Nacional de Estatística[18], futuramente chamado de Instituto Brasileiro de Geografia e Estatística (IBGE). Com esse órgão, o Estado consegue gerenciar dados estatísticos nacionais e, por conseguinte, avaliar o progresso e desenvolvimento do país.

Mesmo com esse movimento desenvolvimentista, o crescimento econômico não apresentou bons resultados[19] no desenvolvimento da

---

17 Art 139 - Para dirimir os conflitos oriundos das relações entre empregadores e empregados, reguladas na legislação social, é instituída a Justiça do Trabalho, que será regulada em lei e à qual não se aplicam as disposições desta Constituição relativas à competência, ao recrutamento e às prerrogativas da Justiça comum. Constituição Federal de 1937.

18 Instituído pelo Decreto nº 24.609, de 6 de Julho de 1934.

19 PIB cresceu 4,3%, em média, no primeiro governo, e 6,2% no segundo. Fonte: Jornal O Globo. Disponível em: <https://goo.gl/fAPXx5>. Acesso em 02 ago. 2017.

sociedade, "em particular, o modelo de substituição de importações, forte presença do Estado na economia e existência de grandes monopólios, foi capaz de gerar, durante algumas décadas, uma expansão importante da economia, mas, ao negligenciar a educação e o potencial de políticas sociais mais sofisticadas, gerou também muita pobreza"[20], ocasionando a renúncia do Presidente Getúlio Vargas.

Em 1946 tomou posse como Presidente do Brasil, o Marechal Eurico Gaspar Dutra. Esse período foi marcado pelo retorno à democracia e a uma maior participação no processo legislativo do país. Nesse sentido, é formada uma Assembleia Nacional Constituinte, com a inédita participação de Deputados e Senadores eleitos na legenda de nove partidos, configurando uma abertura política, antes tolida pelo ex-Presidente Getúlio Vargas.

E, no dia 18 de setembro de 1946, foi promulgada a 5ª Constituição Federal[21], dando início ao

---

20 FERREIRA, Pedro. Desenvolvimento econômico: uma perspectiva brasileira. Rio de Janeiro: Elsevier, 2013. apresentação. p. XIV.

21 "A Mesa da Assembléia Constituinte promulga a Constituição dos Estados Unidos do Brasil e o Ato das Disposições Constitucionais Transitórias, nos termos dos seus arts. 218 e 36, respectivamente, e manda a todas as autoridades, às quais couber o conhecimento e a execução desses atos, que os

Estado Democrático de Direito.

A ordem econômica prevista nessa Constituição, artigo 145 até 162, em função do seu caráter democrático, valoriza o trabalho humano e não preferencialmente os interesses da Nação, conforme previsto na Constituição de 1937.

Nesse sentido, no setor bancário, foi criado o Banco Nacional de Desenvolvimento Econômico (BNDE), com o objetivo de ser o órgão formulador e executor da política nacional de desenvolvimento econômico[22].

Após a renúncia do Presidente Getúlio Vargas, o Brasil teve três[23] Presidentes até a eleição de Juscelino Kubitschek.

O período de 1945 a 1964, denominado Quarta República, foi certamente o mais importante da história

---

executem e façam executar e observar fiel e inteiramente como neles se contêm." (...) Nós, os representantes do povo brasileiro, reunidos, sob a proteção de Deus, em Assembléia Constituinte para organizar um regime democrático, decretamos e promulgamos a seguinte.". CONSTITUIÇÃO DOS ESTADOS UNIDOS DO BRASIL (DE 18 DE SETEMBRO DE 1946) Disponível em: <https://goo.gl/JAp4ry>. Acesso em 03 ago. 2017.

22 Instituído pela Lei nº 1.628, de 20 de junho de 1952. Nossa história. BNDES. Disponível em: <https://goo.gl/tqpc2P>. Acesso em 05 ago. 2017.

23 Nereu Ramos governou de 11 de novembro de 1955 a 31 de janeiro de 1956. Presidentes do Brasil. Disponível em: <https://goo.gl/oV5QFx>. Acesso em 31 jul. 2017.

do sistema republicano no Brasil. Ele se iniciou em 1945 com a derrubada do Estado Novo e da ditadura de Getúlio Vargas, e conclui-se com a deposição de João Goulart, em 1964. Durante esses anos o Brasil teve muitos presidentes cada um contribuindo de uma forma para o desenvolvimento econômico do país.

Juscelino Kubitschek teve seu período presidencial marcado pelo programa de governo: 50 anos de progresso em 5[24] anos de realizações, com objetivo de trazer desenvolvimento econômico e social para o Brasil, através de um Plano de Metas dividido em: Setores da energia, Setores do transporte, Setores da alimentação, Setor da indústria de base, Setor da educação e a construção de Brasília e a transferência da Capital do país.

O citado Plano de Metas foi elaborado por funcionários do BNDE, após estudos da Comissão Mista Brasil-Estados Unidos reunida entre 1951 e 1953, da Comissão Econômica para a América Latina e Caribe[25] (CEPAL) e pelo próprio BNDE.

---

24 O artigo 79, da Constituição de 1937, previa o período presidencial de 6 anos.

25 "A Comissão Econômica para a América Latina (CEPAL) foi estabelecida pela resolução 106 (VI) do Conselho Econômico e Social, de 25 de fevereiro de 1948, e começou a funcionar nesse mesmo ano. Mediante a resolução 1984/67, de 27 de julho de 1984, o Conselho decidiu que a Comissão passaria a

O Plano de Metas priorizou investimentos indiretos que aperfeiçoariam[26] a infra-estrutura no setor agropecuário, porque foi identificado como um dos pontos de estrangulamento no desenvolvimento econômico. Tais investimentos seriam aplicados em pontos de germinação[27], em que o investimento em capital social básico induziria atividades diretamente produtivas[28].

Nesse período, iniciou-se a praxe atual de isenção de impostos de importação das máquinas e

se chamar Comissão Econômica para a América Latina e o Caribe. A CEPAL é uma das cinco comissões regionais das Nações Unidas e sua sede está em Santiago do Chile. Foi fundada para contribuir ao desenvolvimento econômico da América Latina, coordenar as ações encaminhadas à sua promoção e reforçar as relações econômicas dos países entre si e com as outras nações do mundo. Posteriormente, seu trabalho foi ampliado aos países do Caribe e se incorporou o objetivo de promover o desenvolvimento social. A CEPAL tem duas sedes sub-regionais, uma para a sub-região da América Central, situada na cidade do México, e a outra para a sub-região do Caribe, em Port of Spain, estabelecidas em junho de 1951 e dezembro de 1966, respectivamente. Além disso, tem escritórios nacionais em Buenos Aires, Brasília, Montevidéu e Bogotá e um escritório de ligação em Washington, D.C.". Sobre a CEPAL. CEPAL. Disponível em: <https://goo.gl/mxCpps>. Acesso em 08 fev. 2018.

26 Observa-se que nessa época já se pensava em inovação (aperfeiçoamento) através de investimento público (investimentos indiretos).

27 Programa de metas. CPDOC. FGV. Disponível em: <https://goo.gl/V5dxdF>. Acesso em: 03 ago. 2017.

28 Aqui se nota a similaridade entre as atuais *startups* e o ponto de germinação, enquanto receptores de investimento para desenvolvimento da economia como objetivo final.

equipamentos industriais, assim como os capitais externos, desde que associados ao dinheiro nacional.

Estruturado em um tripé formado pelas empresas estatais, pelo capital estrangeiro e, como sócio menor, pelo capital nacional, intensificou-se a produção nacional sob a justificativa que não se importava nenhum produto, caso existisse produto similar produzido no país.

Com a política de valorização do produto interno, houve um crescimento urbano e uma industrialização, que, devido à geração de empregos fixos, impulsionou o consumo das famílias.

Em função da desproporção entre o desenvolvimento econômico, entenda-se evolução industrial, e educação, o investimento em educação teve a mesma linha de raciocínio em investimento.

A vontade de fazer com que o país se desenvolvesse fez do ensino público o mercado de trabalho. Construíram-se então escolas para formar mão-de-obra técnica, de nível médio, a universidade seria apenas para quem tivesse vocação intelectual. Os recursos liberados para a educação quadruplicaram de 1957 a 1959. Isto porque, na passagem do século XX, metade da população não possuía domínios básicos da leitura e da escrita.

Resta-se evidente que a falta de investimento ocasionaria um novo ponto de estrangulamento de pessoal qualificado para atuar nas novas indústrias instaladas no país. Por isso, com base na Constituição Federal de 1946, que previa a Lei de Diretrizes e Bases da Educação Nacional, foi estimulada a formação de cursos superiores.

O plano Trienal de Desenvolvimento Econômico e Social[29], no que diz respeito à educação, tinha como prioridade o ensino primário, do desenvolvimento da pesquisa científica e tecnológica e da formação e treinamento de pessoal técnico.

A partir da década de 1950, houve uma maior valorização das universidades e elas passaram a fazer parte do cenário de debates e reinvindicações no país[30].

Na década seguinte, são criadas as duas

---

29 "Elaborado pela equipe chefiada pelo ministro extraordinário do Planejamento, o economista Celso Furtado, o Plano Trienal de Desenvolvimento Econômico e Social procurou estabelecer regras e instrumentos rígidos para o controle do déficit público e refreamento do crescimento inflacionário.". O Plano Trienal de Desenvolvimento Econômico e Social. CPDOC. FGV. Disponível em: <https://goo.gl/YWEjTs>. Acesso em: 03 ago. 2017.
30 Disponível em: <https://goo.gl/VdcXLi>. Acesso 18 fev. 2018.

principais instituições federais de apoio à pesquisa e à pós graduação: o Conselho Nacional de Desenvolvimento Científico e Tecnológico (CNPq) e a Fundação Coordenação de Aperfeiçoamento de Pessoal de Nível Superior (CAPES)[31].

Nesse período o país tinha adquirido uma nova fisionomia, no domínio econômico, desenvolvendo indústrias automobilísticas e exploração de petróleo. No entanto, metade da população continuava analfabeta, vide o mapa[32]abaixo:

---

31 "a pesquisa estruturou-se em função da nova organização departamental das universidades, da institucionalização da pós-graduação, incentivada pela CAPES e pelo apoio financeiro fornecido pelo CNPq. Na década seguinte, a generalização do tempo integral ou do regime de dedicação exclusiva criou condições ainda mais favoráveis ao desenvolvimento da pesquisa nas universidades públicas". DURHAM, Eunice R. As universidades públicas e a pesquisa no Brasil. São Paulo, NUPES, Documento de trabalho, v. 9, p. 98, 1998. Disponível em: <https://goo.gl/FJ8Bhv>. Acesso em 18 fev. 2018.

32 Mapa do analfabetismo no Brasil. IBGE, Censo Demográfico – Tabela 2 – Analfabetismo na faixa de 15 ou mais – Brasil – 1900/2000. p. 6. Disponível em: <https://goo.gl/ris1yj>. Acesso em 03 ago. 2017.

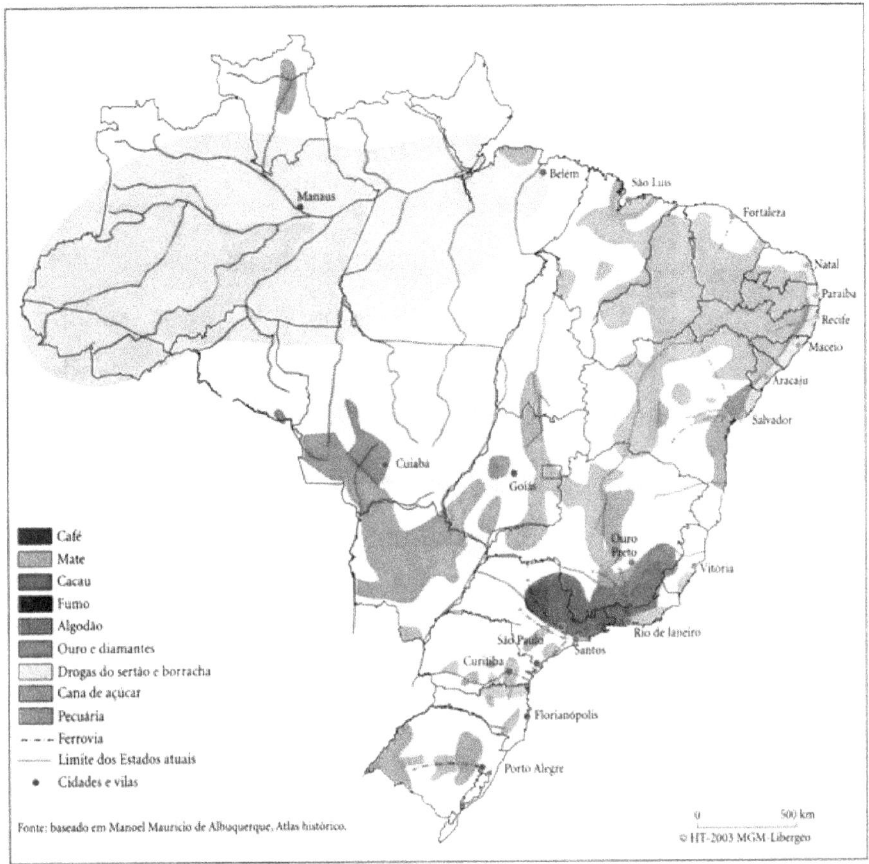

Brasil: a economia e o território no século XIX. Fonte: THÉRY, Hervé; MELLO, Neli Aparecida de. *Atlas do Brasil*: disparidades e dinâmicas do território. São Paulo: Edusp, 2005. p. 41.

Tudo isto resultou num entrechoque de ideias representativas de duas mentalidades diferentes em conflito, uma conservadora contrariava e outra mais aberta. Ambas sucediam à Segunda Guerra Mundial. Então surgindo centros de discórdia que agitaram a sociedade em busca de reforma agrária, educacional, financeira, etc.

1.2. O desenvolvimento em marcha

O conflito de interesses ocasionados por questões atreladas à política econômica, por vezes, assume tal magnitude que podem colocar em risco toda a sociedade[33].

Após a divisão do mundo em dois blocos antagônicos depois da Segunda Guerra Mundial, foram redefinidas as dimensões da repressão política e ideológica[34].

No Brasil, após a era Vargas, marcada por um período de restrições democráticas, que segundo a professora Flávia Castro:

---

33 CAMARGO, Ricardo Antonio Lucas. **Fundamentos constitucionais da política econômica**. Porto Alegre: Sergio Antonio Fabri, 2016. pág. 11.

34 "A União Soviética manteve um rígido controle sobre os países socialistas do Leste Europeu e fomentou processos revolucionários em todos os continentes, com objetivo de expandir o comunismo pelo mundo. Os Estados Unidos, por outro lado, reagiu com uma política de contenção do avanço soviético e ampliação de sua respectiva zona de controle e influência sobre os países capitalistas.". CANCIAN, Renato. **Política dos blocos: duas nações lutaram pela hegemonia mundial**. Publicado em 20/10/2008. Disponível em: <https://goo.gl/BXdLs1>. Acesso em 09 fev. 2018.

> O período de 1945 a 1964, chamado por alguns de "experiência democrática" foi, portanto, uma fornalha, prestes a explodir. De um lado, o operariado urbano desejoso de maior participação e melhorias de vida, junto com eles uma massa crescente de despossuídos que ocupavam os morros e periferias das cidades; de outro lado a elite, acostumada a não ter muitos problemas para impor sua vontade; no meio, a classe média urbana, nova e extremamente ansiosa em parecer-se em consumo e pensamento com os da classe alta. Em suma, um barril de pólvora.[35]

Os militares no intuito de criar o Estado de Segurança Nacional, para combater fundamentalmente o que percebiam como o perigo interno representado pela ameaça comunista[36], deflagraram o golpe militar na madrugada do dia 31 de março, com a movimentação de tropas comandadas pelo general Olímpio Mourão Filho, no estado de Minas Gerais, em direção ao Rio de Janeiro[37].

---

35 CASTRO, Flávia Lages de. **História do Direito Geral e Brasil**. 9 ed. Rio de Janeiro: Lumen Juris, 2011.

36 D'ARAÚJO, Maria Celina et al. **Anos de chumbo: a memória militar sobre a repressão**. Rio de Janeiro: Relume-Dumará, 1994.

37 A conjuntura de radicalização ideológica e o golpe militar – O golpe de 1964. CPDOC. FGV. Disponível em: <https://goo.gl/bRcvF4>. Acesso em 03 ago. 2017.

O primeiro governo do movimento político-militar interrompe a evolução dos direitos sociais e os efeitos oriundos do Estado Democrático de Direito, no entanto, dá seguimento ao desenvolvimento econômico adotando um ambicioso Plano de Ação Econômica do Governo[38] (PAEG), em que principal inovação foi a introdução da correção monetária[39], mecanismo que passou a reajustar contratos, títulos públicos e dívidas tributárias com base na inflação.

Para tanto, em dezembro de 1964, a Lei nº 4.595 criou o Banco Central do Brasil[40], autarquia federal integrante do Sistema Financeiro Nacional (SFN).

Paralelamente aos chamados "anos de chumbo[41]", numa análise mais abrangente, as medidas

---

38 Programa de ação econômica do Governo (PAEG). CPDOC. FGV. Disponível em: <https://goo.gl/CB43tH>. Acesso em 04 ago. 2017.

39 "que contornou a Lei da Usura, que passou a ser interpretada como o que se cobrava acima da correção monetária.". IBGE. Disponível em: <https://goo.gl/iP3UCQ>. Acesso em 04 ago. 2017.

40 História do BC. Disponível em: <https://goo.gl/hZjTps>. Acesso em 31 jul. 2017.

41 "Nos últimos anos da década de 60 e início dos anos 70, ao mesmo tempo em que vivia seu período de milagre econômico e de ufanismo modernizante, o Brasil, governado por militares, montava o mais cruel sistema repressor que o país já viveu. Foram os chamados "anos de chumbo".". Período da História do Brasil conhecido como os anos de chumbo. Câmara dos Deputados. Disponível em: <https://goo.gl/ibmCqP>. Acesso

do PAEG que propiciaram a concretização do "milagre econômico"[42], o então Ministro da Fazenda, Antonio Delfim Netto, dizia que "primeiro fazer o 'bolo' crescer, para depois dividi-lo".

Segundo estudo publicado na Revista Brasileira de Economia[43]:

> Durante o período 1968-1973, o PIB brasileiro cresceu a uma taxa de cerca de 11,1% a.a., enquanto no período 1964-1967 o crescimento havia sido de 4,2% a.a..2 Como mostra a Tabela 1, uma característica notável do "milagre" é

em 04 ago. 2017.

42 "De 1967 a 1973 o Brasil alcançou taxas médias de crescimento muito elevadas e sem precedentes, que decorreram em parte da política econômica então implementada principalmente sob a direção do Ministro da Fazenda Antônio Delfim Neto mas também de uma conjuntura econômica internacional muito favorável. Esse período (e por vezes de forma mais restrita os anos 1968-1973) passou a ser conhecido como o do "milagre econômico brasileiro", uma terminologia anteriormente aplicada a fases de rápido crescimento econômico no Japão e em outros países. Esse "milagre econômico" foi também, em certa medida, o desdobramento de diagnósticos e políticas adotados entre 1964 e 1966 por Otávio Gouveia de Bulhões e Roberto de Oliveira Campos, respectivamente ministros da Fazenda e do Planejamento do governo Castelo Branco, e consubstanciados no Programa de Ação Econômica do Governo (PAEG).". Milagre Econômico Brasileiro. CPDOC. FGV. Disponível em: <https://goo.gl/vVAZpU>. Acesso em 04 ago. 2017.

43 VELOSO, Fernando Augusto Adeodato; VILLELA, André. GIAMBIAGI, Fabio. **Determinantes do "milagre" econômico brasileiro (1968-1973): uma análise empírica**. RBE. Rio de Janeiro: FGV, 2008. v. 62, nº 2, pág. 221-246.

> que, simultaneamente a taxas muito
> elevadas de crescimento econômico, o
> período 1968-1973 caracterizou-se por
> taxas de inflação declinantes e
> relativamente baixas para os padrões
> brasileiros e por superávits no balanço de
> pagamentos.

No âmbito jurídico, era necessário legitimar os atos institucionais instituídos pelo Governo Militar, por isso, é promulgada uma nova Constituição.

No que tange à Ordem Econômica, prevista no artigo 157 até 166, a nova Carta Magna não traz nenhuma inovação, ou seja, reafirma-se que a finalidade da ordem econômica é o desenvolvimento nacional e a justiça social, assentando-se na liberdade de iniciativa; valorização do trabalho, na função social da propriedade, na harmonia e solidariedade entre as categorias sociais[44].

A Constituição de 1967[45] promoveu duas alterações importantes na política educacional brasileira. Primeiro, desobrigou a União e os estados a

---

44 BATISTI, Neila Edna Miranda. Evolução da ordem econômica no contexto político-econômico das Constituições brasileiras. Universidade Estadual de Londrina. Londrina. 2007. Disponível em: <https://goo.gl/pcgCC2>. Acesso em 04 ago. 2017.

45 "O Congresso Nacional, invocando a proteção de Deus, decreta e promulga a seguinte". CONSTITUIÇÃO DA REPÚBLICA FEDERATIVA DO BRASIL DE 1967. Disponível em: <https://goo.gl/XgmKDS>. Acesso em 04 ago. 2017.

investirem um mínimo, alterando um dispositivo previsto na Lei de Diretrizes e Bases, aprovada em 1961. No entanto, como aduz Dermeval Saviani[46], as verbas foram reduzidas ano após ano.

A outra alteração foi a abertura para a iniciativa privada investir no ramo da edução, nos termos do artigo 168, da Constituição Federal de 1967[47].

Apesar do desenvolvimento econômico e algumas melhorias na educação, esse fora o período mais repressivo da ditadura:

> "Investido dessas prerrogativas nem por isso está satisfeito o Poder Executivo. É insaciável. Nâo apenas na absorção dos poderes dos outros órgãos institucionais, mas na supressão e na submissão dos direitos dos cidadãos em geral. Falta-lhes não apenas a compreensão da vida política, falta-lhes a grandeza de interpretar a alma do cidadâo brasileiro. É assim que se vê que o governo concorda na substituição do capítulo mesquinho que veio no projeto sobre direitos e garantias individuais. Mas como lhes falta a grandeza para compreender o que esses direitos

---

46 SAVIANI, Dermeval. O legado educacional do regime militar. Cad. CEDES, Campinas, v. 28, n. 76, p. 291-312, Dec. 2008. Disponível em: <https://goo.gl/R6YgNW>. Acesso em 04 ago. 2017. http://dx.doi.org/10.1590/S0101-32622008000300002.
47 "Sempre que possível, o Poder Público substituirá o regime de gratuidade pelo de concessão de bolsas de estudo, exigido o posterior reembolso no caso de ensino de grau superior"

representam como núcleo fundamental de proteção de todos os homens."[48]

Diante da supressão dos direitos e garantias individuais, a população brasileira sufocava diante da rigidez da ditadura militar, iniciada em 31 de março de 1964, tendo seu ápice com o Ato Institucional nº 5, instituído em função da negativa da Câmara dos Deputados do pleito de licenciamento do Deputado Márcio Emanuel Moreira Alves, para que fosse julgado pelo discurso proferido no Congresso, no início de 1968, no qual estimulava o boicote ao militarismo[49]:

> "ATO INSTITUCIONAL Nº 5, DE 13 DE DEZEMBRO DE 1968.
> São mantidas a Constituição de 24 de janeiro de 1967 e as Constituições Estaduais; O Presidente da República poderá decretar a intervenção nos estados e municípios, sem as limitações previstas na Constituição, suspender os direitos políticos de quaisquer cidadãos pelo prazo de 10 anos e cassar mandatos eletivos federais, estaduais e

---

48 O senador Josaphat Marinho sobre o novo texto proposto para integrar a Constituição de 1967. Constituição promulgada em 1967: Constituição que buscou legitimar o governo militar autoritário. Câmara dos Deputados Federais. Brasília. Disponível em:<https://goo.gl/FcvfMY>. Acesso em 04 ago. 2017.
49 Documentário "Discurso de Marcio Emmanuel Moreira Alves – 1968". Disponível em: <https://goo.gl/4nnmH8>. Acesso em 04 ago. 2017.

municipais, e dá outras providências."[50]

Com essa norma em vigor e diante de tamanha brutalidade nos direitos civis, a população brasileira se organizou em protestos, inclusive, incitados por políticos, através dos seus discursos no Congresso[51].

Diante disso, resta claro que o AI-5 foi a norma fundamental para que a população, ou a quem interessava, fortalecesse a disposição em acabar com a ditadura militar.

1.3. A Constituição de 1988 e a livre iniciativa

Após uma tentativa frustrada em 1984, ainda sob a égide do AI-5, é promulgada em outubro de 1988 a Constituição da República Federativa do Brasil:

> "Pelos representantes do povo brasileiro, reunidos em Assembléia Nacional Constituinte para instituir um Estado Democrático, destinado a assegurar o exercício dos direitos sociais e individuais, a liberdade, a segurança, o bem-estar, o desenvolvimento, a

---

50 Ato Institucional nº 5, de 13 de dezembro de 1968. Disponível em: <https://goo.gl/LxwxLd>. Acesso em 04 ago. 2017.
51 Dramatização do discurso do Dep. Mario Covas no dia 12.12.1968, às vésperas do AI-5. Disponível em: <https://goo.gl/Py9uP1>. Acesso em 04 ago. 2017.

> igualdade e a justiça como valores
> supremos de uma sociedade fraterna,
> pluralista e sem preconceitos, fundada na
> harmonia social e comprometida, na
> ordem interna e internacional, com a
> solução pacífica das controvérsias(...)"[52]

No ímpeto de direcionar a sociedade ao desenvolvimento, no Capítulo I do Título VII, a Ordem e Econômica Financeira, prevista no artigo 170 até 181, a Assembleia Constituinte estabeleceu princípios que visam à harmonia entre o empresário, mercado e consumidor.

Tais princípios, nos moldes das Constituições do México e Weimar, consubstanciam-se no cunho social que permeia a Constituição de 1988, que diante da falência da ditadura militar, inspirou-se no movimento de que deve o Poder Público intervir no seio da coletividade para, mediante ação positiva, promover a igualdade material e permitir que todos exerçam, em iguais oportunidades, todos os direitos previstos em sede constitucional[53].

A Constituição de 1988 é uma norma programática, eis que enuncia diretrizes, programas a

---

52 Preâmbulo da Constituição da República Federativa do Brasil.
53 PINHEIRO, Maria Cláudia Bucchianeri, p. 104. Revista de informação legislativa: v. 43, n. 169 (jan./mar. 2006).

serem realizados pelo Estado e pela sociedade. Por tal razão, Eros Grau afirma que:

> "A Constituição do Brasil de 1988 projeta um Estado desenvolto e forte, o quão necessário seja para que os fundamentos afirmados no seu art. 1º e os objetivos definidos no seu art. 3º venham a ser plenamente realizados, garantindo-se tenha por fim, a ordem econômica, assegurar a todos a existência digna."[54]

Para tanto, a União ganha poderes constitucionais para intervir no mercado, quando a atividade econômica sobrepujar os princípios trazidos na nova norma constitucional, quais sejam, a livre iniciativa, a defesa do consumidor, a proteção ao meio ambiente e demais incisos contidos no artigo 170[55], da

---

54 GRAU, Eros. A Ordem Econômica na Constituição de 1988 (Interpretação e crítica).18ª Ed. Atual. São Paulo: Malheiros, 2017.

55 Art. 170. A ordem econômica, fundada na valorização do trabalho humano e na livre iniciativa, tem por fim assegurar a todos existência digna, conforme os ditames da justiça social, observados os seguintes princípios: I - soberania nacional; II - propriedade privada; III - função social da propriedade; IV - livre concorrência; V - defesa do consumidor; VI - defesa do meio ambiente; VI - defesa do meio ambiente, inclusive mediante tratamento diferenciado conforme o impacto ambiental dos produtos e serviços e de seus processos de elaboração e prestação; VII - redução das desigualdades regionais e sociais; VIII - busca do pleno emprego; IX - tratamento favorecido para as empresas brasileiras de capital nacional de pequeno porte. IX - tratamento favorecido para as

Constituição Federal:

Desde então o Brasil adota a forma de um Estado empreendedor, que seria aquele que faz parcerias com – e concede subsídios para – empresas e, com isso, se torna capaz de criar bens e serviços para a população se desenvolver nos termos do já citado artigo 170, da Constituição Federal.

Poder-se-ia, talvez, fazer uma ressalva no tocante à expressão "iniciativa dual", vez que dá a entender que a atuação do Estado, tal como a do particular, estará abrangida na consagração da "liberdade de iniciativa", quando, a rigor, consoante se verá mais adiante, o Estado somente pode atuar quando autorizado por lei, ou seja, sua iniciativa nada mais pode ser do que materializar comandos legislativos, na amplitude por estes circunscrita, enquanto ao particular, a autodeterminação de sua atividade é presumida, salvo limitação estabelecida por lei: substitua-se a "iniciativa dual" por "possibilidade, tanto pública quanto privada, de atuação" que assertiva

---

empresas de pequeno porte constituídas sob as leis brasileiras e que tenham sua sede e administração no País. Parágrafo único. É assegurado a todos o livre exercício de qualquer atividade econômica, independentemente de autorização de órgãos públicos, salvo nos casos previstos em lei." Constituição Federal. Disponível em: <https://goo.gl/Ew9YD9>. Acesso em 10 fev. 2018.

acima se corrige.

Dessa forma, o Estado deve intervir normatizando de forma a regulamentar a situação oposta aos preceitos constitucionais. Nesse sentido, o trecho do voto do jurista Eros Grau, enquanto Ministro do STF:

"A realidade nacional evidencia que nossos conflitos são trágicos. A sociedade civil não é capaz de solucionar esses conflitos. Não basta, portanto, a atuação meramente subsidiária do Estado. No Brasil, hoje, aqui e agora-vigente uma Constituição que diz quais são os fundamentos do Brasil e, no artigo 3º, defini os objetivos do Brasil (porque o artigo 3º fala da República Federativa do Brasil, está dizendo que ao Brasil incumbe construir uma sociedade livre, justa e solidária) – vigentes os artigos 1º e 3º da Constituição, exige-se, muito ao contrário do que propõe o voto do Ministro relator, um Estado forte, vigoroso, capaz de assegurar a todos a existência digna. A proposta de substituição do Estado pela sociedade civil, vale dizes, pelo mercado, é incompatível com a Constituição do Brasil e certamente não nos conduzirá a um bom destino."[56]

2. A LEI DE INOVAÇÃO

No segundo capítulo abordamos a Lei de

____

56 Voto do Ministro do STF, Eros Grau, no julgamento da ADPF 46 no Tribunal Pleno, no dia 15/06/2005, p. 92.

Inovação e seus principais pontos, bem como explicamos o que é e para que serve uma Agência de Fomento, utilizando a Fundação Carlos Chagas de Pesquisa do Estado do Rio de Janeiro – FAPERJ – como objeto de estudo.

Em fevereiro de 2015, foi promulgada a Emenda Constitucional nº 85, que alterou e adicionou dispositivos na Constituição Federal para atualizar o tratamento das atividades de ciência, tecnologia e inovação.

O legislador codificou a importância da inovação para o crescimento econômico de longo prazo, visto que políticas de Estado bem desenvolvidas, nos termos dos artigos 23, 167, 200, 218, 219, 219-A e 219-B, da Constituição Federal, visam a desenvolver a economia para uma trajetória distinta de crescimento.

Não é de hoje que as leis são utilizadas como instrumento de intervenção estatal e de direção do desenvolvimento econômico. A Ciência da Legislação (*Legisprudence*[57]), sustenta que a maioria das leis é (ou deveria ser) elaborada à luz de um programa de ação

---

57 WINTGENS, Luc J. *Legisprudence: Practical Reason in Legislation* (Applied Legal Philosophy). Routledge; 1 edição.

voltado à persecução de certas finalidades públicas[58].

No ano de 2004, o país era governado pelo Presidente Lula, e ocupava a 13ª posição no ranking global de economias, segundo dados do Banco Mundial[59] e o 11º lugar no ranking dos países que mais registram patentes.

Ao contrário da política de governo adotada pelo Presidente Fernando Henrique Cardoso, qual seja, um processo de estabilização econômica e baixo crescimento, o Presidente Lula criou uma série de Institutos para a retomada do crescimento através de uma política industrial.

Nesse sentido, no dia 27 de abril de 2004, foi enviado o Projeto de Lei da Inovação para o Presidente da República. Anexo ao referido documento, os agentes públicos expuseram quais eram os principais objetivos da legislação proposta:

> "O Projeto de Lei em questão tem o grande emérito de tentar enfrentar esse desafio, em particular quando reconhece que entre as soluções apontadas para

---

58 SCALCON, Raquel Lima. *Avaliação de impacto legislativo: A prática europeia e suas lições para o Brasil*. RIL Brasília a. 54 n. 214 abr./jun. 2017 p. 113-130. Disponível em: <https://goo.gl/6ff4Rt>. Acesso em 10 out. 2017.

59 *World Bank Data*. Disponível em: <https://goo.gl/yKQkrt>.Acesso em 25 set. 2017.

Acrescenta-se que, além do texto do projeto de lei (atual artigo 5º) por diversas vezes referir-se à obtenção de direitos de propriedade intelectual, o estímulo ao patenteamento constava da Exposição de Motivos o seguinte:

um canal de interlocução entre esse particular e as instituições científicas e tecnológicas. Pretende-se assegurar o suporte técnico necessário à viabilização de uma idéia inovadora objeto de pedido de patente."[60]

"Art. 5º São a União e os demais entes federativos e suas entidades autorizados, nos termos de regulamento, a participar minoritariamente do capital social de empresas, com o propósito de desenvolver produtos ou processos inovadores que estejam de acordo com as diretrizes e prioridades definidas nas políticas de ciência, tecnologia, inovação e de desenvolvimento industrial de cada esfera de governo.   (Redação pela Lei nº 13.243, de 2016)
§ 1o A propriedade intelectual sobre os resultados obtidos pertencerá à empresa, na forma da legislação vigente e de seus atos constitutivos.   (Incluído pela Lei nº 13.243, de 2016)
§ 2o O poder público poderá condicionar a participação societária via aporte de capital à previsão de licenciamento da propriedade intelectual para atender ao interesse público.   (Incluído pela Lei nº 13.243, de 2016)
§ 3o A alienação dos ativos da participação societária referida no caput dispensa realização de licitação, conforme legislação vigente.   (Incluído pela Lei nº 13.243, de 2016)
§ 4o Os recursos recebidos em decorrência da alienação da participação societária referida no caput deverão ser aplicados em pesquisa e desenvolvimento ou em novas

---

60 Projeto da Lei da Inovação. Exposição de motivos. Disponível em: <https://goo.gl/jaz3Fm>. Acesso em 18 out. 2017.

participações societárias. (Incluído pela Lei nº 13.243, de 2016)

§ 5o Nas empresas a que se refere o caput, o estatuto ou contrato social poderá conferir às ações ou quotas detidas pela União ou por suas entidades poderes especiais, inclusive de veto às deliberações dos demais sócios nas matérias que especificar. (Incluído pela Lei nº 13.243, de 2016)

§ 6o A participação minoritária de que trata o caput dar-se-á por meio de contribuição financeira ou não financeira, desde que economicamente mensurável, e poderá ser aceita como forma de remuneração pela transferência de tecnologia e pelo licenciamento para outorga de direito de uso ou de exploração de criação de titularidade da União e de suas entidades."

O objetivo da Lei de Inovação de estimular a apropriação da tecnologia através de patentes foi também percebido por Denis Borges Barbosa:

"A nossa análise até aqui esteve centrada na questão da apropriação. No nosso modelo constitucional, tal como implementado na Lei de Inovação, a tecnologia é primordialmente apropriável. A tecnologia é apropriável em favor - não da ICT, não do criador, não da equipe de pesquisa -, mas basicamente em favor do sistema produtivo nacional. Essa é uma tônica essencial da Lei de Inovação. (...)

Os aspectos administrativos, funcionais, estruturais da lei de licitações têm até agora tomado prevalência da atenção de

> todo mundo, mas é esse aspecto que parece particularmente relevante. A Lei de Inovação implementa o artigo 218 da Constituição e cria um dever de proteção genérico para a produção de conhecimentos no Brasil. É algo que foi novo a sua época, e que, do ponto de vista da estrutura dos direitos, reverteu o procedimento costumeiro anterior."[61]

Seguindo as ideias apresentadas por Thomas Piketty, Paul Krugman e Mazzucato, o Estado brasileiro, quanto a política de desenvolvimento econômico através da inovação, transmuda-se para o Estado Empreendedor.

Em termos comparativos, o Brasil segue uma estratégia adotada por outros Estados estrangeiros, e podemos constatar que esse modelo funciona muito bem, vide o caso da Apple, Google e outras empresas que se utilizaram do apoio estatal para financiar suas pesquisas em troca da produção de produtos que tivessem serventia para fins governamentais, mas, também, para fins comerciais e, consequentemente, gerassem lucros milionários para as empresas patrocinadas.

---

61 BARBOSA, Denis Borges. **Direito ao desenvolvimento, inovação e a apropriação das tecnologias após a Emenda Constitucional no. 85**. 2015, pág. 30. Disponível em: <https://goo.gl/pzPbf2>. Acesso em 18 out. 2017.

Vale ressaltar que em termos nacionais, como mencionado no Capítulo 1, temos uma forte evolução desse processo empreendedor estatal na Era Vargas, ao criar as primeiras empresas estatais, e já em um tempo mais próximo, com a criação dos "campeões nacionais"[62].

2.1. Destaques da Lei de Inovação

Inegavelmente a Lei da Inovação consiste em um instrumento eficaz visando colocar o Brasil em uma posição de relevo no seleto grupo de países desenvolvidos, que regula os incentivos à inovação e à pesquisa científica e tecnológica no ambiente produtivo.

No ano de 2016, a Lei da Inovação (Lei nº 10.973/2004) sofreu profundas alterações pela Lei nº

---

[62] "Em 1979, após o choque da "crise do petróleo" (1973-78), a estratégia do governo militar em criar "campeões nacionais" tinha como objetivo garantir o crescimento econômico num cenário externo adverso em face da redução de demanda do comércio internacional.". XAVIER, Laecio Noronha. A **política de campeões nacionais e os empréstimos internacionais do bndes: extrativismo econômico, retorno ao nacional-desenvolvimentismo e crimes de responsabilidade fiscal**. 178-207. Direito administrativo e gestão pública II [Recurso eletrônico on-line] organização CONPEDI/UFMG/ FUMEC/Dom Helder Câmara; Coordenadores: FREIDRICH, Denise Bittencourt; CORRALO, Giovani da Silva; LEAL, Rogério Gesta. Florianópolis: CONPEDI, 2015. Disponível em: <https://goo.gl/H8wrcd>. Acesso em 03 fev. 2018. pág. 189.

13.243/2016, visando simplificar e estimular a relação entre as empresas e as instituições de pesquisas[63].

No Brasil as Universidades constituem o principal suporte institucional para a pesquisa e formação de pesquisadores[64]. Por isso, até setembro

63 Art. 19. A União, os Estados, o Distrito Federal, os Municípios, as ICTs e suas agências de fomento promoverão e incentivarão a pesquisa e o desenvolvimento de produtos, serviços e processos inovadores em empresas brasileiras e em entidades brasileiras de direito privado sem fins lucrativos, mediante a concessão de recursos financeiros, humanos, materiais ou de infraestrutura a serem ajustados em instrumentos específicos e destinados a apoiar atividades de pesquisa, desenvolvimento e inovação, para atender às prioridades das políticas industrial e tecnológica nacional. (Redação pela Lei nº 13.243, de 2016) § 1o As prioridades da política industrial e tecnológica nacional de que trata o caput deste artigo serão estabelecidas em regulamento.

64 "A pesquisa estruturou-se assim em função da nova organização departamental das universidades, da institucionalização da pós-graduação, incentivada pela CAPES e pelo apoio financeiro fornecido pelo CNPq. Na década seguinte, a generalização do tempo integral ou do regime de dedicação exclusiva criou condições ainda mais favoráveis ao desenvolvimento da pesquisa nas universidades públicas. Deve-se reconhecer que, embora o modelo institucional fosse uniforme para as instituições federais e estaduais, a pesquisa não se consolidou de forma homogênea em todas elas. Em muitas ela permaneceu, quando muito, incipiente. Mas, de qualquer forma, alterou-se radicalmente o panorama da ciência brasileira, com a ampliação constante do número de mestres e doutores através dos cursos de pós-graduação e a consolidação de grupos de pesquisa em departamentos, associados aos cursos de pós-graduação, isto é, dentro das universidades".DURHAM, Eunice R. As universidades públicas e a pesquisa no Brasil. São Paulo, NUPES, Documento de trabalho, v. 9, p. 98, 1998. Disponível em: <https://goo.gl/FJ8Bhv>. Acesso em 18 fev. 2018.

de 2014, existiam 30 Instituições Científicas, Tecnológicas e de Inovação – ICT[65] vinculadas à Rede de Centros de Inovação em Tecnologias da Informação e Comunicação – REDETIC[66], sendo esta Instituição parte integrante do Sistema Brasileiro de Tecnologia – SIBRATEC[67], do Ministério da Ciência, Tecnologia e Inovação (MCTI), e operado pela Financiadora de Estudos e Projetos – FINEP.

---

65 "Artigo 2º (...) V - Instituição Científica, Tecnológica e de Inovação (ICT): órgão ou entidade da administração pública direta ou indireta ou pessoa jurídica de direito privado sem fins lucrativos legalmente constituída sob as leis brasileiras, com sede e foro no País, que inclua em sua missão institucional ou em seu objetivo social ou estatutário a pesquisa básica ou aplicada de caráter científico ou tecnológico ou o desenvolvimento de novos produtos, serviços ou processos;" Lei nº 10.973/2004. Disponível em: <https://goo.gl/Z2cWRs>. Acesso em 01 fev. 2018.

66 "Seu principal objetivo é impulsionar o desenvolvimento tecnológico e econômico do setor de Tecnologias da Informação e Comunicação – TIC no Brasil.". Sobre a REDETIC. REDETIC. Disponível em: <https://goo.gl/5g1meC>. Acesso em 18 fev. 2018.

67 "O Sistema Brasileiro de Tecnologia (SIBRATEC) foi criado através do Decreto nº 6.259, de 21 de novembro de 2007 e complementado pela Resolução do Comitê Gestor SIBRATEC nº 001, de 17 de março de 2008, para atender às demandas específicas de setores empresariais e estratégicos do País, estabelecidas no Plano de Ação de Ciência, Tecnologia e Inovação para o Desenvolvimento Nacional 2007-2010 (PACTI) e na Política de Desenvolvimento Produtivo (PDP). Atualmente o Programa SIBRATEC é parte da Estratégia Nacional de Ciência, Tecnologia e Inovação – ENCTI 2012-2015.". Sobre o SIBRATEC. REDETIC. Disponível em: <https://goo.gl/hJpxmQ>. Acesso em 18 fev. 2018.

Além disso, antes da promulgação da Lei nº 13.243/2016, a ICT só podia ser órgão ou entidade da administração pública, o que tornava quase obrigatório o vínculo com uma Instituição de Ensino.

Pois bem, para gerir a política institucional de inovação da ICT, é necessário o Núcleo de Inovação Tecnológica – NIT[68], o qual será responsável[69] pela

68 "Artigo 2º (...) VI – Núcleo de Inovação Tecnológica (NIT): estrutura instituída por uma ou mais ICTs, com ou sem personalidade jurídica própria, que tenha por finalidade a gestão de política institucional de inovação e por competências mínimas as atribuições previstas nesta Lei;". Lei nº 10.973/2004. Disponível em: <https://goo.gl/Z2cWRs>. Acesso em 01 fev. 2018.

69 "Art. 16. Para apoiar a gestão de sua política de inovação, a ICT pública deverá dispor de Núcleo de Inovação Tecnológica, próprio ou em associação com outras ICTs. (Redação pela Lei nº 13.243, de 2016) § 1o São competências do Núcleo de Inovação Tecnológica a que se refere o caput, entre outras: (Redação pela Lei nº 13.243, de 2016) I - zelar pela manutenção da política institucional de estímulo à proteção das criações, licenciamento, inovação e outras formas de transferência de tecnologia; II - avaliar e classificar os resultados decorrentes de atividades e projetos de pesquisa para o atendimento das disposições desta Lei; III - avaliar solicitação de inventor independente para adoção de invenção na forma do art. 22; IV - opinar pela conveniência e promover a proteção das criações desenvolvidas na instituição; V - opinar quanto à conveniência de divulgação das criações desenvolvidas na instituição, passíveis de proteção intelectual; VI - acompanhar o processamento dos pedidos e a manutenção dos títulos de propriedade intelectual da instituição. VII - desenvolver estudos de prospecção tecnológica e de inteligência competitiva no campo da propriedade intelectual, de forma a orientar as ações de inovação da ICT; (Incluído pela Lei nº 13.243, de 2016) VIII - desenvolver estudos e estratégias para a transferência de

parte administrativa, jurídica e burocrática, necessária para o desenrolar das atividades desenvolvidas pela ICT.

O NIT também passou por modificação após a Lei nº 13.243/2016, sendo a principal delas: a possibilidade de ser constituído com personalidade jurídica própria, como entidade privada sem fins lucrativos[70]. O panorama brasileiro dos Núcleos está representado no mapa abaixo:

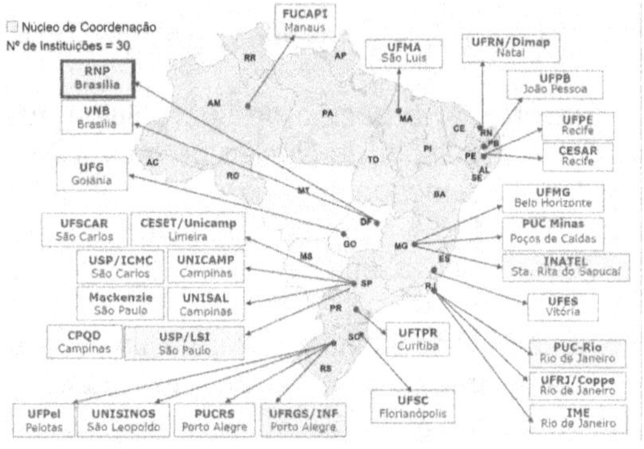

inovação gerada pela ICT; (Incluído pela Lei nº 13.243, de 2016) IX - promover e acompanhar o relacionamento da ICT com empresas, em especial para as atividades previstas nos arts. 6o a 9o; (Incluído pela Lei nº 13.243, de 2016) X - negociar e gerir os acordos de transferência de tecnologia oriunda da ICT." Lei nº 10.973/2004. Disponível em: <https://goo.gl/Z2cWRs>. Acesso em 01 fev. 2018.

70 "Art. 16 (...) § 3o O Núcleo de Inovação Tecnológica poderá ser constituído com personalidade jurídica própria, como entidade privada sem fins lucrativos." Lei nº 10.973/2004. Disponível em: <https://goo.gl/Z2cWRs>. Acesso em 01 fev. 2018.

Além de maior autonomia funcional, o NIT poderá auferir lucro das operações realizadas no seu cotidiano, ocasionando uma melhora na remuneração dos seus funcionários, que, antes do marco legal de 2016, recebiam por meio de bolsa de estudo, bem como reinvestimento na sua estrutura.

Outro destaque, é o previsto no artigo 9º, da Lei de Inovação,[71] no qual o legislador se ateve a controlar

____

71 Art. 9o-A. Os órgãos e entidades da União, dos Estados, do Distrito Federal e dos Municípios são autorizados a conceder recursos para a execução de projetos de pesquisa, desenvolvimento e inovação às ICTs ou diretamente aos pesquisadores a elas vinculados, por termo de outorga, convênio, contrato ou instrumento jurídico assemelhado. (Incluído pela Lei nº 13.243, de 2016) § 1o A concessão de apoio financeiro depende de aprovação de plano de trabalho. (Incluído pela Lei nº 13.243, de 2016) § 2o A celebração e a prestação de contas dos instrumentos aos quais se refere o caput serão feitas de forma simplificada e compatível com as características das atividades de ciência, tecnologia e inovação, nos termos de regulamento. (Incluído pela Lei nº 13.243, de 2016) § 3o A vigência dos instrumentos jurídicos aos quais se refere o caput deverá ser suficiente à plena realização do objeto, admitida a prorrogação, desde que justificada tecnicamente e refletida em ajuste do plano de trabalho. (Incluído pela Lei nº 13.243, de 2016) § 4o Do valor total aprovado e liberado para os projetos referidos no caput, poderá ocorrer transposição, remanejamento ou transferência de recursos de categoria de programação para outra, de acordo com regulamento. (Incluído pela Lei nº 13.243, de 2016) § 5o A transferência de recursos da União para ICT estadual, distrital ou municipal em projetos de ciência, tecnologia e inovação não poderá sofrer restrições por conta de inadimplência de quaisquer outros órgãos ou instâncias que não a própria ICT. (Incluído pela Lei nº 13.243, de 2016)

as formas do que usar, como usar e para que usar, visando coibir desvios de finalidade das receitas oriundas do incentivo fiscal.

Esse controle foi reforçado com o Decreto nº 9.283, de 7 de fevereiro de 2018, no qual tem o Capítulo VII dedicado a Prestação de Contas.

O último ponto que destacamos na Lei de Inovação, é a normatização que o Estado tenha participação no investimento realizado por um beneficiado do artigo 5º[72], da Lei nº 10.973/2004.

---

72 Art. 5o São a União e os demais entes federativos e suas entidades autorizados, nos termos de regulamento, a participar minoritariamente do capital social de empresas, com o propósito de desenvolver produtos ou processos inovadores que estejam de acordo com as diretrizes e prioridades definidas nas políticas de ciência, tecnologia, inovação e de desenvolvimento industrial de cada esfera de governo. (Redação pela Lei nº 13.243, de 2016). § 1o A propriedade intelectual sobre os resultados obtidos pertencerá à empresa, na forma da legislação vigente e de seus atos constitutivos. (Incluído pela Lei nº 13.243, de 2016). § 2o O poder público poderá condicionar a participação societária via aporte de capital à previsão de licenciamento da propriedade intelectual para atender ao interesse público. (Incluído pela Lei nº 13.243, de 2016). § 3o A alienação dos ativos da participação societária referida no caput dispensa realização de licitação, conforme legislação vigente. (Incluído pela Lei nº 13.243, de 2016). § 4o Os recursos recebidos em decorrência da alienação da participação societária referida no caput deverão ser aplicados em pesquisa e desenvolvimento ou em novas participações societárias. (Incluído pela Lei nº 13.243, de 2016). § 5o Nas empresas a que se refere o caput, o estatuto ou contrato social poderá conferir às ações ou quotas detidas pela União ou por suas entidades poderes especiais, inclusive de veto às deliberações dos demais sócios nas matérias que

A proteção da propriedade intelectual garante o direito de propriedade e exclusividade ao titular da criação intelectual, bem como permite o avanço da inovação e a divulgação dos conhecimentos, equilibrando os interesses do titular e acarretando benefícios para a sociedade[73].

Logo, no cenário tecnológico atual, a Propriedade Intelectual é fundamental para proteger as inovações, principalmente, patrocinadas pelos incentivos legais, visto que têm papel importante para o desenvolvimento do país.

Nessa linha de raciocínio, o Primeiro-ministro de Portugal[74], Antonio Costa, apontou a inovação como "chave" para modernizar todos os setores de atividade e, assim, resolver finalmente os "bloqueios estruturais" da economia, entrando num "longo período de

---

especificar. (Incluído pela Lei nº 13.243, de 2016). § 6o A participação minoritária de que trata o caput dar-se-á por meio de contribuição financeira ou não financeira, desde que economicamente mensurável, e poderá ser aceita como forma de remuneração pela transferência de tecnologia e pelo licenciamento para outorga de direito de uso ou de exploração de criação de titularidade da União e de suas entidades.

73 ARAUJO, Elza Fernandes et al. **Propriedade Intelectual: proteção e gestão estratégica do conhecimento**. R. Bras. Zootec., Viçosa, v. 39, supl. spe, p. 1-10, July 2010 . Disponível em: <https://goo.gl/4aGTff> Acesso em 09 fev. 2018.

74 Costa: inovação é "chave" para Portugal resolver "bloqueios estruturais". DN Portugal. Disponível em: <https://goo.gl/KgxsZW>. Acesso em 19 jan. 2018.

convergência com a União Européia".

Na Era do Conhecimento, para alguns na Era Digital, a inovação é combustível para o desenvolvimento econômico da sociedade como um todo, uma vez que envolve as sociedades empresárias, Universidades e Estado, para que, de fato, gerem sinergia e, por conseguinte, o crescimento econômico de uma região.

Esta triangulação contribui para que todo um ecossistema inovador se desenvolva economicamente, como, por exemplo, o Vale do Sílicio[75] nos Estados Unidos da América.

No livro "Estado Empreendedor", Mariana Mazzucato, demonstra como é importante a conexão entre os atores do setor: Universidade, Estado e Empresário.

O que nos remete ao que um argentino,

---

75 "O principal fator interveniente no processo de desenvolvimento à la Hélice Tríplice no Vale do Silício foi o financiamento em larga escala de pesquisas pelo governo, que permitiu que um processo nascente em pequena escala, exemplificado pela fundação da Hewlett-Packard a partir de um projeto de pesquisa de Stanford, que produzira uma tecnologia inovadora pouco antes da Segunda Guerra, se tornasse um procriador eficiente de startups no pós-guerra.". ETZKOWITZ, HENRY; ZHOU, CHUNYAN. Hélice Tríplice: inovação e empreendedorismo universidade-indústria-governo. Estud. av., São Paulo , v. 31, n. 90, p. 23-48, May 2017. Disponível em: <https://goo.gl/Nh6kVW>. Acesso em 19 jan. 2018. pág. 26

chamado Sábato, já previa, em 1975, como solução para superar os obstáculos da inovação científico-tecnológica, o "Triângulo de Sábato", que nada mais é que a triangulação entre Universidade, Empresa e Governo[76], em que:

> "a) vértice governo: compreende o conjunto de instituições que têm como objetivo fomular e implementar políticas públicas e mobilizar recursos para os vértices da estrutura produtiva e da infra-estrutura científico-tecnológica, através de processos legislativos e administrativos;
> b) vértice estrutura produtiva: conjunto de setores produtivos que provêem os bens e serviços demandados pela sociedade;
> c) vértice infra-estrutura científico-tecnológica: compreende o sistema educacional que forma os indivíduos que protagonizam as atividades de pesquisa (cientistas, tecnólogos, administradores); os laboratórios, institutos e centros de P&D; o sistema de planejamento, promoção, coordenação e estímulo à pesquisa (conselhos de pesquisa, academias de ciência); os mecanismos jurídico-administrativos que regulam as instituições de pesquisa e os recursos financeiros aplicados ao seu funcionamento."[77]

---

76 Sábato, J. A. & Botana, N. La ciência y la tecnología en el desarrollo futuro de America Latina. In:Sábato, J. A. (comp.). El pensamiellto latinooamericano en la problemática ciencia-tecnología-desarrollo. Buenos Aires, Editorial Paidos, 1975.
77 FIGUEIREDO, Paulo Cesar Negreiros de. O "Triângulo de Sabáto" e as alternativas brasileiras de inovação tecnológica.

Essa sinergia fica mais intensa, quando existe uma crise na sociedade ou na área que origina a inovação, tendo em vista, que inovar é romper o normal e fazer de forma anormal e mais produtiva.

Portanto, numa crise financeira, busca-se inovar nos serviços ou produtos para gerar desenvolvimento econômico. No mesmo sentido, no setor específico, a inovação fará que aquela produção seja realizada de forma mais eficiente ou o produto será mais eficaz do que o anterior[78].

FGV. Disponível em: <https://goo.gl/V1qhKX>. Acesso em 25 out. 2017.

78 "Quando a crise se prolonga, como é o caso da atual recessão brasileira, as empresas que realmente se destacam são as que conseguem combinar frugalidade com investimentos em inovação. Em 2017, o Brasil ocupou a desonrosa 69ª posição no Índice de Inovação Global, atrás de México, Rússia, Índia e África do Sul. Para tornar o conceito de inovação uma realidade aplicável, é fundamental que os gestores brasileiros desenvolvam um novo olhar sobre o mercado, organizações, colaboradores e o país como um todo. A opinião é de Ingrid Stoeckicht, cofundadora do Innovation to Health – I2H, instituto para inovação em saúde, presidente do INEI e coordenadora do programa de MBA/FGV. Para ela, os momentos de crise aguda são os mais propícios para adotar a agenda da inovação. E o Brasil se traduz em um "mar de oportunidades" para inovar: – A inovação é uma solução para atender à necessidade de pessoas que não estão sendo atendidas adequadamente pelos serviços e produtos tradicionalmente oferecidos pelas empresas – ressalta Ingrid, responsável pela palestra "Inovação empresarial no Brasil e no mundo. Sob a ótica do mercado e das organizações, diz a consultora, estamos vivenciando uma forte crise de gestão, pois os

No livro **Teoria do Desenvolvimento Econômico**, Joseph Schumpeter, destacou que a inovação é a propulsora do desenvolvimento econômico e industrial, decorrendo daí o avanço científico e tecnológico, sendo esses protegidos pelos direitos de Propriedade Intelectual e outros.

2.2. Agência de Fomento

Para que a inovação tenha aplicabilidade e, por conseguinte, auxilie no desenvolvimento econômico se faz necessário a existência de alguns agentes para contribuir na disseminação, nos termos do artigo 2º, da Lei nº 10.973/2014. No presente trabalho vamos utilizar Agência de Fomento[79] do Rio de Janeiro, Fundação

gestores insistem em conduzir seus negócios com base na gestão dos ativos tangíveis: capital físico e financeiro. – Enquanto isto, empresas inovadoras estabelecidas e novos entrantes, as chamadas startups, vêm rapidamente escalando seus negócios na medida em que focam em modelos de gestão dos intangíveis, na sua capacidade de atrair e reter os melhores talentos, inovar e estocar conhecimentos. É necessário olhar para a inovação sob a ótica da criação de valor, e não sob a ótica de geração de custos.". O impacto da inovação nos negócios. O Globo. Disponível em: <https://goo.gl/U5bthu>. Acesso em 18 fev. 2018.

79 "Art. 2o Para os efeitos desta Lei, considera-se: I - agência de fomento: órgão ou instituição de natureza pública ou privada que tenha entre os seus objetivos o financiamento de ações que visem a estimular e promover o desenvolvimento da ciência, da tecnologia e da inovação;" Lei nº 10.973/2004.

Carlos Chagas de Apoio a Pesquisa, como base legal para consubstanciar o caso concreto analisado no próximo Capítulo.

Os programas das Instituições previstas no artigo 19[80], da Lei nº 10.973/2004 fomentam a pesquisa e a inovação científica e tecnológica para o desenvolvimento de cada estado, bem como o intercâmbio e a divulgação da ciência e da tecnologia.

O dispositivo legal sobredito dispõe que a União, as ICTs e as agências de fomento, para estimular a inovação no ambiente produtivo e o atendimento às prioridades da política industrial e tecnológica nacional, promoverão e incentivarão o desenvolvimento de produtos e processos inovadores em empresas nacionais e nas entidades nacionais de direito privado sem fins lucrativos voltadas para

____

Disponível em: <https://goo.gl/Z2cWRs>. Acesso em 01 fev. 2018.

80 "Art. 19. A União, os Estados, o Distrito Federal, os Municípios, as ICTs e suas agências de fomento promoverão e incentivarão a pesquisa e o desenvolvimento de produtos, serviços e processos inovadores em empresas brasileiras e em entidades brasileiras de direito privado sem fins lucrativos, mediante a concessão de recursos financeiros, humanos, materiais ou de infraestrutura a serem ajustados em instrumentos específicos e destinados a apoiar atividades de pesquisa, desenvolvimento e inovação, para atender às prioridades das políticas industrial e tecnológica nacional." Lei nº 10.973/2004. Disponível em: <https://goo.gl/Z2cWRs>. Acesso em 01 fev. 2018.

atividades de pesquisa. No presente trabalho trataremos somente das agências de fomento.

Como mencionado a FAPs são estaduais, enquanto que no nível Federal existe a Financiadora de Estudos e Projetos – FINEP. Esta promove o desenvolvimento do país por meio do fomento público à ciência, tecnologia e inovação em empresas, universidades, institutos tecnológicos e outras instituições públicas ou privadas.

Trata-se de uma empresa pública ligada ao Ministério da Ciência, Tecnologia, Inovações e Comunicações (MCTIC). A FINEP concede financiamentos reembolsáveis e não-reembolsáveis para pesquisa básica e aplicada, inovações e desenvolvimento de produtos, serviços e processos. A financiadora encerrou 2016 com R$ 2,4 milhões em créditos liberados para empresas em pesquisas e inovação no Brasil, contra R$ 2,6 milhões em 2015.

As FAPs são associadas ao Conselho Nacional das Fundações Estaduais de Amparo à Pesquisa (Confap), que tem por objetivo articular melhor os interesses das agências estaduais de fomento à pesquisa.

Com a ajuda do Instituto Inovação, do Sebrae,

do IBGE e de consultores, Pequenas Empresas & Grandes Negócios fez um levantamento das fontes de recursos disponibilizados para inovação[81]:

---

81 SIMÕES, Kátia. As cidades mais inovadoras do Brasil. Revista Pequenas Empresas & Grandes Negócios. Disponível em: <http://revistapegn.globo.com/Revista/Common/0,,EMI176147-17171,00-AS+CIDADES+MAIS+INOVADORAS+DO+BRASIL.html>. Acesso em 24 abr. 2019.

A principal delas é a Fundação de Amparo à Pesquisa do Estado de São Paulo (Fapesp), com um orçamento anual correspondente a 1% do total da receita tributária do Estado, em 2016, a Fapesp financiou R$ 448.954.976,55 em bolsas no país e no exterior. O total geral do desembolso da Fapesp em 2016 para o fomento à pesquisa no Estado de São Paulo foi de R$ 1.137.355.628,05.

No mesmo ano, o valor total de bolsas (Brasil e exterior), auxílios a pesquisa e em Programas de Pesquisa para Inovação Tecnológica (Incluem apoio a pequenas empresas e grandes projetos em colaboração com indústrias nacionais e internacionais) foi de R$ 974.173.975,04.

Logo em seguida está a Fundação de Amparo à Pesquisa do Estado do Rio de Janeiro (FAPERJ) objeto do presente estudo.

Em conformidade com a autorização dada pela Lei nº 319, de 06 de junho de 1980, a Lei Estadual nº 1.175, de 21 de julho de 1987 (alterada pela Lei Estadual n.º 3.783, e a Lei Complementar nº. 102, ambas de 18 de março de 2002) instituiu uma pessoa jurídica de direito público, a Fundação Carlos Chagas

Filho de Amparo à Pesquisa do Estado do Rio de Janeiro – FAPERJ.

A FAPERJ é a agência de fomento à ciência, à tecnologia e à inovação do Estado do Rio de Janeiro. Vinculada à Secretaria de Estado de Ciência e Tecnologia, a agência visa estimular atividades nas áreas científica e tecnológica e apoiar de maneira ampla projetos e programas de instituições acadêmicas e de pesquisas sediadas no Estado do Rio de Janeiro.

Isso é feito por meio de concessão de bolsas e auxílios a pesquisadores e instituições, previstos no Programa Básico (com calendário informando a abertura 2 vezes ao ano) e os editais para bolsas e auxílios.[82]

Para levar adiante sua missão como órgão de fomento, a FAPERJ:

> "Promove, financia e apóia programas e projetos de pesquisa individuais ou institucionais, bem como colabora, inclusive financeiramente, no reforço, modernização e criação da infra-estrutura necessária para o desenvolvimento de projetos de pesquisas realizados em instituições públicas ou privadas no Estado do Rio de Janeiro, com ou sem

---

82 Institucional. FAPERJ. Disponível em:
<https://goo.gl/WQhXDb>. Acesso 16 out. 2017.

retorno financeiro;
Promove o intercâmbio e a formação de pesquisadores mediante a concessão de bolsas de pesquisa no País, com ou sem retorno financeiro;
Promove, financia e apóia ações que visem a atualização ou a modernização curricular do ensino, de professores e pesquisadores nas áreas de ciência e tecnologia, em todos os níveis;
Estimula e financia a formação ou atualização de acervos bibliográficos, bancos de dados e de meios eletrônicos de armazenamento e transmissão de informações para o desenvolvimento do ensino e da pesquisa, em todos os níveis;
Assessora o Governo do Estado na formulação de políticas em Ciência e Tecnologia;
Atua como órgão captador de recursos por meio de contratos e convênios, nacionais ou internacionais;
Atua como gestor do Fundo de Apoio ao Desenvolvimento Tecnológico - FATEC."[83]

Sua fonte de receita é prevista no artigo 332, da Constituição do Estado do Rio de Janeiro, o qual estabelece o índice mínimo a ser aplicado na FAPERJ:

"O Estado do Rio de Janeiro destinará, anualmente, à Fundação de Amparo à Pesquisa – FAPERJ, 2% (dois por cento) da receita tributária do exercício, deduzidas as transferências e vinculações constitucionais e legais".

---

83 Idem.

A Secretaria de Estado de Fazenda e Planejamento do Rio de Janeiro, em atendimento a Lei de Responsabilidade Fiscal – LRF, através da Contadoria Geral, dispõe no seu *site* os Relatórios das contas de gestão do Governo do Estado do Rio de Janeiro: Exercício 1996 até 2016:

APURAÇÃO DO VALOR APLICADO NA FAPERJ (2% da receita arrecadada)		
ANO	Receita arrecadada	Receita da FAPERJ
2007	R$ 9.876.121.925,59	R$ 197.522.438,51
2008	R$ 11.238.244.380,01	R$ 224.764.887,60
2009	R$ 11.909.022.429,34	R$ 238.180.448,59
2010	R$ 14.114.195.234,32	R$ 282.283.904,69
2011	R$ 15.465.865,00	R$ 309.317,00
2012	R$ 16.806.431,00	R$ 336.129,00
2013	R$ 19.399.927,00	R$ 387.999,00
2014	R$ 20.225.307,00	R$ 404.506,00
2015	R$ 20.746.161,00	R$ 414.923,00
2016	R$ 15.069.333,00	R$ 301.387,00

Fonte SIG, SIAFEM – RJ/SIG, FLEXVISION

Desse modo, verifica-se uma redução na receita da FAPERJ do ano de 2010 para 2016, o que torna mais importante o controle das suas despesas.

3. AS DIRETRIZES PARA INOVAÇÃO

Neste Capítulo será tratado a importância da legislação para o desenvolvimento econômico, visto que através das normas[84] o Estado implementa sua Política Pública, que visam criar diretrizes para a sociedade civil para o cumprimento do disposto no artigo 170, da Constituição Federal.

Ocorre que muitas normas foram e são promulgadas sem o devido planejamento, tampouco passam pelo crivo da sociedade civil ou dos seus representantes competentes para analisar a norma proposta, apesar da previsão do artigo 58, §2º, II, da Constituição.

Um bom exemplo de uma norma, que visa o desenvolvimento e crescimento econômico, mas foi promulgada antes ter a participação efetiva das entidades da sociedade civil, é a Lei 9.279/96[85], que

---

84 Utilizaremos o termo "norma" no sentido amplo para se referir a qualquer espécie legislativa.

85 Lei nº 9.279, de 14 de maio de 1996. Regula direitos e

regula direitos e obrigações relativos à propriedade industrial.

O ato da promulgação da citada norma é um bom exemplo da importância da qualidade de todo o processo legislativo, visto que ao incorporar o Acordo sobre Aspectos dos Direitos de Propriedade Intelectual Relacionados ao Comércio[86], antecipadamente, o Brasil submeteu-se a um nível rígido de proteção à propriedade intelectual, comprometendo o interesse nacional de crescimento econômico, como expôs Denis Borges Barbosa:

> "(...) a pseudo-incorporação de TRIPs na ordem interna foi, em regra, muito além do texto final de consenso negociado, e sempre contra o interesse brasileiro. O legislador brasileiro acabou cedendo à pressão unilateral americana, sem se aproveitar dos ganhos de razoabilidade que vieram com o TRIPs."[87]

O aumento da eficiência e da competitividade da economia brasileira é, sem dúvida, se tornou uma

---

obrigações relativos à propriedade industrial. Disponível em: <https://goo.gl/nbzGfh>. Acesso em 25 jan. 2018.

86 O termo inglês é Agreement on Trade-Related Aspects of Intellectual Property Rights e sua sigla TRIPs, a qual será utilizada para melhor entendimento do leitor.

87 BARBOSA, Denis Borges. **TRIPS e a Experiência Brasileira**. Disponível em: <https://goo.gl/6Uopor>. Acesso em 25 jan. 2018.

questão de primeira ordem na agenda nacional de Políticas Pública

Adam Smith, Alexis de Tocqueville, Karl Marx, dentre outros, desde a revolução industrail, apontam o progresso técnico[88] como benéfico para o desenvolvimento econômico, no entanto, foi Joseph Schumpeter, na década de 30, quem enfatizou a importância da inovação para o desenvolvimento econômico das nações[89].

A promoção da inovação é reconhecida, em praticamente todos os países, como uma das principais formas de agregar valor aos bens e serviços

---

88 "O progresso técnico expressa-se sempre pelo aumento da produtividade do trabalho. Temos progresso técnico quando, no processo de acumulação de capital, novas técnicas são introduzidas que reduzem a quantidade de trabalho direto e indireto incorporado em um bem. Definido nesses termos, o progresso técnico pode ser medido de duas formas. Em termos de valor o progresso técnico é dado pela diminuição do valor-trabalho incorporado em um bem. Esta, entretanto, é uma medida microeconômica que não permite agregação. No plano macroeconômico só podemos medir o progresso técnico em termos de preço pela taxa de crescimento da produção por trabalhador." BRESSER, Luiz Pereira. **Lucro, acumulação e crise: a tendência declinante da taxa de lucro reexaminada**. São Paulo: Brasiliense, 1986. Disponível em: <https://goo.gl/NkBJSD>. Acesso em 09 fev. 2018. pág. 43.
89 FIGUEIREDO, Paulo Cesar Negreiros de. **Acumulação tecnológica e inovação industrial: conceitos, mensuração e evidências no Brasil**. São Paulo: São Paulo em Perspectiva, 2005. Disponível em: <https://goo.gl/feUQG1>. Acesso em 09 fev. 2018. v. 19, n. 1, p. 54-69, jan./mar.

produzidos e, assim, ampliar a competitividade internacional de uma economia. O prêmio Nobel de Química em 1908, Lord Rutherford, observou que:

> "A ciência está destinada a desempenhar um papel cada vez mais preponderante na produção industrial. E as nações que deixarem de entender essa lição hão inevitavelmente de ser relegadas à posição de nações escravas: cortadoras de lenha e carregadoras de água para os povos mais esclarecidos"[90]

Segundo o Manual de Oslo:

> Uma inovação é a implementação de um produto (bem ou serviço) novo ou significativamente melhorado, ou um processo, ou um novo método de marketing, ou um novo método organizacional nas práticas de negócios, na organização do local de trabalho ou nas relações externas.[91]

Em termos legais, apesar de a palavra

---

90 BOLZANI. Vanderlan da Silva. CNPq, FINEP, AEB, CNEN: um novo cenário e a previsão de Rutherford, Nobel de Química em 1908. Disponível em: <https://goo.gl/qSFAUW>. Acesso em 30 jan. 2018.

91 O Manual de Oslo, elaborado pela Organização para a Cooperação e Desenvolvimento Econômico – OCDE, estabelece as diretrizes para coleta e interpretação de dados sobre inovação. Disponível em: <http://www.finep.gov.br/images/apoio-e-financiamento/manual oslo.pdf>. Acesso em 25 set. 2017. linha 146. página 55.

inovação ter sido introduzida na Constituição Federal pela Emenda Constitucional n° 85, publicada em 27 de fevereiro de 2015, que alterou o artigo 23, 167, 200, 218, 219, 219-A e 219-B, a definição legal se manteve a prevista no artigo 2°, IV, da Lei de Inovação, trouxe a seguinte definição do que se entende por "inovação", a qual será utilizada no presente trabalho:

> "Art. 2°
> (...)
> IV - inovação: introdução de novidade ou aperfeiçoamento no ambiente produtivo e social que resulte em novos produtos, serviços ou processos ou que compreenda a agregação de novas funcionalidades ou características a produto, serviço ou processo já existente que possa resultar em melhorias e em efetivo ganho de qualidade ou desempenho;"

3.1. Propriedade Intelectual

A inovação e conhecimento são instrumentos para o desenvolvimento econômico no cenário mundial e novos serviços, produtos e processos produtivos aparecem a cada hora.

Essas inovações só tem valor se devidamente protegidas, principalmente em face de um potencial retorno econômico para o seu criador e para a sociedade, visto que se tornam bens imateriais, também conhecidos como bens intangíveis, e podem ser comercializados.

No Brasil sempre existiu a preocupação na proteção do direito inventor, senão vejamos, o Alvará de 28 de abril de 1809, assinado por Dom João VI (1767– 1826) que, em seu artigo VI, dispunha o seguinte:

> "Sendo muito conveniente que os inventores e introdutores de alguma nova máquina e invenção nas artes gozem do privilégio exclusivo, além do direito que possam ter ao favor pecuniário, que sou servido estabelecer em benefício da indústria e das artes, ordeno que todas as pessoas que estiverem neste caso apresentem o plano de seu novo invento à Real Junta do Comércio; e que esta, reconhecendo – lhe a verdade e fundamento dele, lhe conceda o privilégio exclusivo por quatorze anos, ficando obrigadas a fabricá-lo depois, para que, no fim desse prazo, toda a Nação goze do fruto dessa invenção. Ordeno, outrossim, que se faça uma exata revisão dos que se acham concedidos, fazendo-se público na forma acima determinada e revogando-se todas as que por falsa alegação ou sem bem fundadas razões obtiveram semelhantes concessões."[92]

---

92 CANALLI, Waldemar Menezes; SILVA, Rildo Pereira da. **Uma breve história das patentes: analogias entre**

Mantendo uma tradição de proteção às invenções, o Brasil se tornou signatário de dois acordos internacionais sobre propriedade intelectual: a Convenção de Paris[93] (1886), tratado específico sobre proteção da propriedade industrial; e, no mesmo ano, a Convenção de Berna[94], que tratou da proteção à propriedade intelectual.

Passado alguns anos dessa guerra comercial entre países desenvolvidos (normalmente localizados no hemisfério Norte) e países subdesenvolvidos (normalmente localizados no hemisfério Sul), durante a Rodada Uruguai, no ano de 1947 foi criado GATT – General Agrrement on Tariffs and Trade (Acordo Geral sobre Tarifas e Comércio)[95], atual Organização Mundial

ciência/tecnologia e trabalho intelectual/trabalho **operacional**. História Das Ciências e das Técnicas e Epistemologia – HCTE. UFRJ. Rio de Janeiro. Disponível em: <https://goo.gl/nD7kHj>. Acesso em 04 fev. 2018.

93 Decreto nº 75.572, de 8 de abril de 1975. Promulga a Convenção de Paris para a Proteção da Propriedade industrial revisão de Estocolmo, 1967. Disponível em: <https://goo.gl/DHDhTm>. Acesso em 04 fev. 2018.

94 Decreto nº 75.699, de 6 de maio de 1975. Promulga a Convenção de Berna para a Proteção das Obras Literárias e Artísticas, de 9 de setembro de 1886, revista em Paris, a 24 de julho de 1971. Disponível em: <https://goo.gl/WVVmcR>. Acesso em 04 fev. 2018.

95 Tanto o Fundo Monetário Internacional e Banco Mundial foram criados pelo Acordo de Bretton Woods em 1944. BARRETO, Pedro Henrique. **Quarenta e quatro países, inclusive o**

do Comércio – OMC, que desde então tem atuado como a principal instância para administrar o sistema multilateral de comércio[96].

No entanto, os países desenvolvidos faziam pressão para manter o controle sobre as transações comerciais, enquanto os países subdesenvolvidos reivindicavam uma maior transferência de tecnologia, investimentos em Pesquisas e Desenvolvimento (P&D). Nesse mesmo passo, o Brasil seguia com sua Política Pública para o desenvolvimento e crescimento econômico[97].

Ao final de uma longa negociação, os países participantes da Rodada Uruguai celebraram o Acordo *TRIPs*[98], que:

Brasil, participaram da reunião em New Hampshire (EUA): o mundo vivia a ressaca da crise de 1929, seguida da Segunda Guerra Mundial. História – Bretton Woods. Revista Desafios do desenvolvimento. Brasília: IPEA, 2009. Ano 6 . Edição 50. Disponível em: <https://goo.gl/BuQ5aq>. Acesso em 03 fev. 2018.

96 Organização Mundial do Comércio. Itamaraty. Disponível em: <https://goo.gl/ar2cAX>. Acesso em 03 fev. 2018.

97 O Presidente Eurico Gaspar Dutra deu continuidade a política desenvolvimentista baseada nos princípios do planejamento econômico com uma forte interferência estatal nos setores produtivos industriais e financeiros. Tendo elaborado e aplicado o Plano SALTE, iniciais que representavam planejamento na área da saúde (S), alimentação (AL). **Planto SALTE**. FGV CPDOC. Disponível em: <https://goo.gl/Lf5M7s>. Acesso em 04 fev. 2018.

98 *Agreement on Trade-Related Aspects of Intellectual Property*

> "Desejando reduzir distorções e impedimentos ao comércio internacional, e levando em consideração a necessidade de promover uma proteção efetiva e adequada dos direitos de propriedade intelectual e garantir que medidas e procedimentos para impor direitos de propriedade intelectual não se tornam barreiras para comércio legítimo;"[99]

A ampliação dos direitos de propriedade intelectual, em escala mundial, foi vital em dois setores: ela garantiria incentivos à inovação pelas empresas nacionais e corporações multinacionais e constituiria uma barreira defensiva contra a imitação estrangeira de tecnologias desenvolvidas nacionalmente.

Valendo aqui a ressalva que o TRIPs não se aplica para os particulares contidos nos Estados-membros:

> (...) as normas do TRIPS não criam direitos diretamente em favor das partes privadas. O órgão jurisdicional da OMC já

Rights em português é Acordo Relativo aos Aspectos do Direito da Propriedade Intelectual Relacionados com o Comércio. WTO. Disponível em: <https://goo.gl/1gJhdu>. Acesso em 03 fev. 2018.

99 Agreement on Trade-Related Aspects of Intellectual Property Rights. WTO. Disponível em: <https://goo.gl/1gJhdu>. Acesso em 03 fev. 2018.

> o declarou (...), em várias oportunidades;
> tal proposta – de aplicação direta às
> partes privadas – foi explicitamente
> submetida e rejeitada na negociação do
> acordo. Mais ainda, como reitera a Corte
> Europeia, a aplicação direta de TRIPS
> frustraria um dos direitos mais
> importantes garantidos aos Estados-
> membros pelo sistema da OMC, o de
> negociar e de prover compensações no
> caso de um descumprimento das normas
> fixadas em TRIPS.[100]

Por tal razão que foi necessário a promulgação da Lei nº 9.279/1996, para regular direitos e obrigações relativos à propriedade intelectual entre particulares no território nacional.[101]

Desse modo, as TRIPs garantem um equilíbrio tão somente nas relações entre os Estados-membros, como dispõe o artigo 4:

> Artigo 4
> Tratamento da nação mais favorecida No
> que diz respeito à proteção da
> propriedade intelectual, qualquer
> vantagem, favor, privilégio ou imunidade
> concedido por um Membro aos nacionais
> de qualquer outro país será concedido
> imediatamente e incondicionalmente para

---

100 BARBOSA, Denis Borges. **Uma introdução à Propriedade Intelectual**. Rio de Janeiro: Lumen Juris, 2003. Disponível em: <https://goo.gl/ckKSd7>. Acesso em 03 fev. 2018. p. 2017

101 Lei nº 9.279, de 14 de maio de 1996. Regula direitos e obrigações relativos à propriedade industrial. Disponível em: <https://goo.gl/nbzGfh>. Acesso em 25 jan. 2018.

os nacionais de todos os outros membros. A isenção desta obrigação é alguma vantagem, favor, privilégio ou imunidade concedido por um Membro:
(a) decorrentes de acordos internacionais sobre assistência judicial ou aplicação da lei de uma natureza geral e não particularmente limitada à proteção da propriedade intelectual;
(b) concedido em conformidade com as disposições da Convenção de Berna (1971) ou da Roma Convenção que autoriza que o tratamento concedido seja uma função não de tratamento, mas do tratamento concedido em outro país;
(c) em relação aos direitos dos artistas intérpretes ou executantes, dos produtores de fonogramas e da radiodifusão organizações não previstas no presente Acordo;
(d) decorrentes de acordos internacionais relacionados à proteção de propriedade intelectual que entrou em vigor antes da entrada em vigor do Acordo da OMC, desde que que tais acordos são notificados ao Conselho para os ADPIC e não constituem uma discriminação arbitrária ou injustificada contra os nacionais de outros deputados.

Para tanto, com receio da inadequada proteção da propriedade intelectual[102], os países desenvolvimentos procuravam impor certas restrições a esse tipo de operação.

---

102 "A propriedade intelectual é toda atividade criativa e inventiva do intelecto humano protegida por normas especiais.". PALUMA, Thiago. Propriedade intelectual e direito ao desenvolvimento. São Paulo: Editora Pillares, 2017. pág. 29.

Em função da importância do tema, pressão dos países desenvolvidos e a busca pelo desenvolvimento global, foi incluído no âmbito da OMC o debate sobre Propriedade Intelectual.

E na Convenção para o Estabelecimento da

Organização Mundial da Propriedade Intelectual, realizada em 1967, foi criada a Organização Mundial de Propriedade Intelectual – OMPI, com a missão de liderar o desenvolvimento de um sistema de propriedade intelectual internacional (IP) de forma equilibrada e eficaz, para permitir a inovação e a criatividade em benefício de todos[103].

A Constituição Federal prevê no artigo 5º, XXVII e XXIX, a proteção da propriedade intelectual, entretanto, não será absoluta, tendo em vista que é contrabalanceada pela função social da propriedade, artigo 5º, XXIII e artigo 170, II, da Constituição Federal, bem como pelos outros princípios fundamentais que tutelam o interesse público e a ordem econômica, artigo 170, da Constituição Federal.

Pois bem, conclui-se que as normas que regem a propriedade industrial são essenciais para o desenvolvimento tecnológico, social e econômico do País:

> Essa situação é mais evidente nos mercados caracterizados pela inovação, onde tecnologias alternativas ou concorrentes podem ser mais úteis ao

---

103 Sobre a OMPI. OMPI. Disponível em: <https://goo.gl/uG4mtP>. Acesso em 04 fev. 2018.

> direito de escolha do consumidor e à estrutura dinâmica dos mercados do que a existência de produtos homogêneos com base tecnológica comum.[104]

E ainda:

> A inovação, por demandar determinados níveis de investimento, implica em um regime de proteção com fundamento em direitos exclusivos, como por exemplo, aquele da patente para as invenções (criações técnicas de fundo com aplicação industrial) e aquele do direito de autor sobre programa de computador para o software, e, também, mediante direitos não exclusivos empregados para proteger o investimento, como por exemplo, obrigações contratuais (restrições de comercialização – cláusulas de exclusividade, não concorrência, restrição à exportação, etc.- sigilo e cláusulas penais privadas) e institutos de repressão à concorrência desleal.[105]

Desse modo, a proteção da propriedade intelectual garante o direito de propriedade e exclusividade ao titular da criação intelectual, bem como permite o avanço da inovação e a divulgação dos

---

104 ASSAFIM, João Marcelo de Lima. **Controles sociais extrínsecos do exercício de direitos de propriedade intelectual: antitruste como tutela de direitos fundamentais**. Conpedi. Disponível em: <https://goo.gl/yNCJtS>. Acesso em 09 fev. 2018.

105 Idem.

conhecimentos, equilibrando os interesses do titular e acarretando benefícios para a sociedade[106].

Logo, no cenário tecnológico atual, a Propriedade Intelectual é fundamental para proteger as inovações, principalmente, patrocinadas pelos incentivos legais, visto que têm papel importante para o desenvolvimento do país.

3.2 Gestão do Conhecimento

Uma retomada aos conceitos de distrito industrial e de economias externas de aglomeração expostos pelo economista britânico Alfred Marshall (1842 – 1924), demonstra o quão é importante a aproximação para geração de conhecimento. Além disso, o Equilíbrio de Nash demonstra que nenhum adversário pode melhorar seu resultado de forma unilateral.

Para o psicólogo social Paul Piff, estudioso sobre a relação das emoções e dinheiro, o aumento da renda gera no homem médio um afastamento, egoísmo, de outras pessoas. Além dele, outro

---

106 ARAUJO, Elza Fernandes et al. **Propriedade Intelectual: proteção e gestão estratégica do conhecimento**. R. Bras. Zootec., Viçosa, v. 39, supl. spe, p. 1-10, July 2010 . Disponível em: <https://goo.gl/4aGTff> Acesso em 09 fev. 2018.

pesquisador, John Cacioppo, constatou que "Como animais sociais, sobrevivemos porque formamos vínculos, que fornecem ajuda mútua. Os seres humanos não fazem bem se estiverem sozinhos. Se eles obtiveram o ostracismo do grupo, eles provavelmente morreriam."[107].

Tais pesquisam validam, no campo da psicologia, a Teoria econômica de Alfred Marshall, na qual dispõe sobre os conceitos de distrito industrial e de economias externas de aglomeração contribuem para geração de conhecimento tácito[108]. Além disso, o Equilíbrio de Nash demonstra que nenhum adversário pode melhorar seu resultado de forma unilateral.

Consubstanciado em outros estudos, quais sejam: Teoria dos Jogos, elaborado pelo economista, ganhador do Novel de 1994, John Nash, e Dilema do Prisioneiro de William Press e Freeman Dyson; constatamos que a cooperação e generosidade auxilia o desenvolvimento do ser humano e da sociedade.

Aprendizagem está estreitamente relacionada

---

107 Entrevista concedida pelo pesquisador John Cacioppo à repórter Laura Entis. A solidão crônica é uma epidemia de dia moderno. Revista Fortune. Disponível em: <http://fortune.com/2016/06/22/loneliness-is-a-modern-day-epidemic/>. Acesso em 08 set. 2017.

108 Conhecimento tácito é pessoal, específico ao contexto.

com a Gestão do Conhecimento (GC) que consiste em atividades e práticas que permitem à empresa criar, registrar, compartilhar, proteger e usar os conhecimentos mais importantes para gerar inovações e trazer benefícios econômicos para ela mesma.

A relação entre proximidade geográfica e as possibilidades de compartilhamento de conhecimentos tácitos entre os agentes parte do pressuposto de que o conhecimento possui dois componentes distintos. O primeiro é conhecimento codificado, que pode ser transferido entre os agentes por meio de manuais (blueprints). O segundo é o conhecimento tácito, que é definido como aquele que não pode ser tocado, articulado ou codificado e, portanto, está enraizado nos indivíduos e nas rotinas das empresas.

Nesse sentido, o pesquisador, John Cacioppo, constatou que:

> "Como animais sociais, sobrevivemos porque formamos vínculos, que fornecem ajuda mútua. Os seres humanos não fazem bem se estiverem sozinhos. Se eles obtiveram o ostracismo do grupo, eles provavelmente morreriam."[109]

109 Entrevista concedida pelo pesquisador John Cacioppo à repórter Laura Entis. A solidão crônica é uma epidemia de dia moderno. Revista Fortune. Disponível em: <https://goo.gl/Lp6meY>. Acesso em 08 set. 2017.

Tal pesquisa valida, no campo da psicologia, a Teoria econômica de Alfred Marshall, na qual dispõe sobre os conceitos de distrito industrial e de economias externas de aglomeração contribuem para geração de conhecimento tácito. Além disso, o Equilíbrio de Nash demonstra que nenhum adversário pode melhorar seu resultado de forma unilateral.

Ocorre que em função da cultura local ou da especialização, o brasileiro, genericamente falando, não consegue aplicar essa Teoria de forma que gere o resultado esperado. Nesse sentido, o psicólogo social Paul Piff, estudioso sobre a relação das emoções e dinheiro, constatou que o aumento da renda gera no homem médio um afastamento, egoísmo, de outras pessoas.

Algumas críticas importantes apontaram que o conhecimento não pode, de maneira alguma, ser considerado um bem livre. Assim, mesmo que o conhecimento gerado no seio das estruturas produtivas localizadas fosse mais facilmente disseminado entre os agentes locais, do ponto de vista da firma individual, a absorção do conhecimento local depende da existência de um conjunto de capacitações internas à empresa, que são acumuladas ao longo de sua trajetória.

É de ser ressaltado, todavia, que, quando a Lei de Inovação Tecnológica propõe a interação do ambiente acadêmico com o setor produtivo:

> "Com a disposição acima proposta, findam-se os inúmeros obstáculos que impediam a exploração pela sociedade dos produtos e processos inovadores produzidos dentro das universidades e instituições públicas de pesquisa. É selada, assim, de forma objetiva a relação entre tais entidades públicas e o setor produtivo nacional."[110]

O aproveitamento do potencial do aparelho estatal já existente não poderá, assim, ocorrer sem a contrapartida do setor privado. Nesse sentido, esclarecem Pereira e Kruglianska que:

> [...] o papel das universidades públicas não é o de fornecer mão-de-obra e capacidade instalada a custo zero para o setor privado nem pagar a conta da falta de investimento estratégico em tecnologia. Seu papel é estabelecer um ambiente em que a pesquisa – e não a adaptação tecnológica – e o ensino crítico e de qualidade, bem como a extensão, são exercidos de modo indissociável, propiciando bases sólidas para o desenvolvimento social, cultural e

---

110 EMI 28 – MCT/MDIC/MF/Casa Civil. Disponível em: <https://goo.gl/Pk4q6f>. Acesso em 01 fev. 2018.

tecnológico do País.

A relação com o setor privado não deve enfraquecer as universidades, porque sem elas não haverá bens de conhecimento e, sem bens de conhecimento, não há transferência, inovação ou produção:

> "Na realidade concreta, a ordem e a segurança pública se colocam de forma bem diversa, conforme uma burocracia militarista, uma auto-organização dominada por um espírito mercantilista ou uma organização partidária radical decida quando existe essa ordem e segurança e quando ela está ameaçada ou perturbada, pois toda ordem pressupõe uma decisão."[111]

A falta de objetividade legislativa ocasiona a falha na aplicação de recursos financeiros e humanos para o desenvolvimento inovador.

Mesmo diante da disseminação legal pelos Estados, destacam-se, entretanto, no instrumento jurídico comentado falhas na forma de definição das normas que regem a interação entre os três os atores do setor de inovação (Universidade, Empresa e

---

[111] SCHMITT, Carl. Teologia política. Trad. Elisete Antoniuk. Belo Horizonte: Del Rey, 2006, p. 10.

Governo), eis que não conseguem aplicar as respectivas normas[112]e, por conseguinte, usufruir dos programas direcionados para o desenvolvimento econômico.[113]

Esclarecemos que as Universidades brasileiras dividem-se em dois grupos: particulares e públicas. Pois bem, no grupo das particulares, se constata um controle de muitas universidades nas mãos de poucas empresas. Sendo certo que na maioria das vezes essas empresas "estudantis" tem seu capital negociado na bolsa de valores, logo, visam lucro.

O outro grupo, universidades públicas, sofre com a crise econômica do Estado, pois depende de verba pública para manutenção as suas atividades educacionais, incluindo aqui, por lógica, a pesquisa.

No campo Estado (órgão de fomento), a divisão é outra: órgãos com disposição legal e órgãos com disposição legal e orçamentária, para contribuir com

---

112 No dia 04 de outubro de 2017, foi realizado o Debate sobre os impactos do novo Marco Legal de CT&I para o Rio de Janeiro, no Parque Tecnológico da UFRJ. SEMINÁRIO DO PARQUE TECNOLÓGICO DA UFRJ. 2017. Rio de Janeiro. Disponível em: <https://goo.gl/fUecfn>. Acesso em 03 fev. 2018.

113 KRUGLIANSKAS, Isak; PEREIRA, José Matias. Um enfoque sobre a Lei de Inovação Tecnológica do Brasil. R AP Rio de Janeiro 39(5):1011-29, Set./Out. 2005. Disponível em: <https://goo.gl/47crb3>. Acesso em 01 fev. 2018.

pesquisa.

Com a crise econômica do Estado brasileiro, alguns órgãos de fomento e apoio à pesquisa que tem disposição legal para contribuir no fomento e na intermediação pesquisa universitária/empresa, mas, hoje, em função da crise econômica, não conseguem arcar com as despesas já aprovadas e não abrem novos editais para iniciar novos processos.

Diante desse quadro, o empresário brasileiro, preocupado em sobreviver, não cogita se aproximar das Universidades e dos órgãos de fomento, pois não enxergam retorno financeiro.

Ocorre que a aproximação entre a Universidade, seja pública ou particular, e dos órgãos de fomento, seria o melhor dos mundos nesse momento de crise para este empresário desacreditado.

A mão de obra especializada que está nas Universidades brasileiras e as possibilidades de parceria com os órgãos de fomento e apoio à pesquisa, tendem a gerar novos negócios e possibilidade de lucro nunca vistos no setor empresarial.

3.3. Empreendedorismo

Completando as diretrizes para Inovação, exporemos qual o tipo de sociedade empresária que mais inova no Brasil a importância da sociedade empresária para o Sistema de Inovação e como o empresário tende a se comportar diante dos dispositivos legais.

O assunto não é novo no meio acadêmico e, justamente por isso, não pretendemos fazer uma introdução histórica, tendo em vista que existem diversas teorias sobre quem cria a expressão[114], qual a definição correta para os conceitos de empreendedorismo.

O empreendedorismo brasileiro é caracterizado

---

[114] "Cantillon torna-se o primeiro economista a desenvolver as idéias austríacas sobre o empreendedor e seu papel na economia. O empreendedor para ele é o tomador dos riscos causados pelas mudanças na demanda do mercado. Este é um reflexo direto do próprio início da carreira de Cantillon como assistente de tesoureiro durante a Guerra da Sucessão Espanhola. Lá, ele aprendeu e se destacou no papel de contador e negociador de contratos, e aprendeu o básico do sistema bancário e financeiro internacional.". IORIO, Ubiratan Jorge. **Richard Cantillon (168?-1734) e o início da economia moderna**. Mises Brasil. Disponível em: <https://goo.gl/wezFYR>. Acesso em 20 fev. 2018.

pela necessidade[115] e oportunidade[116], visto a constante desigualdade social, instabilidade econômica e elevado desemprego.

Apesar do Estado ter iniciado em 1984 uma Política Pública de apoio aos parques tecnológicos e incubadoras de empresas, através do CNPq, e de existirem mais de 369[117] incubadoras em operação, a inovação não alcança índices satisfatórios na sociedade empresárias, pois, empreendedor[118]

---

115 Segundo o estudo, o empreendedorismo segue em alta, mas ainda há um nível elevado de empreendimentos por necessidade, por causa da conjuntura econômica difícil. GEM Brasil 2016. Global Entrepreneurship Monitor. Disponível em: <https://goo.gl/dN6dLQ>. Acesso em 20 fev. 2018.

116 "Quando são analisadas as razões principais que levam o empreendedor a buscar uma oportunidade, pode-se admitir que o empreendedor genuinamente motivado por oportunidade é aquele que a persegue com o intuito de obter independência ou aumento de renda pessoal. A partir desse filtro analítico, seria de 39% a proporção de empreendedores por oportunidade no Brasil em 2007.". GEM Brasil 2007. *Global Entrepreneurship Monitor*. Disponível em: <https://goo.gl/3aEqBj>. Acesso em 20 fev. 2018.

117 Estudo de impacto econômico – segmentos de incubadoras de empresas do Brasil. 2016. Disponível em: <https://goo.gl/p6arqP>. Acesso em 20 fev. 2018. pág. 4.

118 "indivíduos seguem um sonho ou criam uma atividade empreendedora que tem o potencial e a missão de suprir suas necessidades de sobrevivência e ainda agregar valor à economia e à sociedade, inovando, gerando empregos e o desenvolvimento das nações em busca do resgate do élan vital perdido pelas sociedades burocratizadas.". GEM Brasil 2007. *Global Entrepreneurship Monitor*. Disponível em: <https://goo.gl/3aEqBj>. Acesso em 20 fev. 2018.

brasileiro desenvolve produtos ou serviços[119] já existente no mercado com baixos índices de inovação, ou produtos de baixa complexidade[120].

O desenvolvimento econômico e social representa uma prioridade do Governo, representando a captação do investimento e a dinâmica associada da criação de empresas, suportes fundamentais e estratégicos do crescimento econômico enquanto fonte geradora de atividade econômica e de emprego.

O apoio e promoção eficientes do empreendedorismo constituem, assim, focos muito relevantes da ação do Governo, passando pelo estímulo à criação de *startups* e de novas ideias e modelos de negócio, e pela promoção do desenvolvimento das microempresas e de projetos empreendedores, potenciando o crescimento inteligente, inclusivo, sustentável e indutor de um novo perfil de especialização e internacionalização da nossa economia.

A expansão e o rápido crescimento do

---

119 Demografia das Empresas. Número de empresas, por classificação de atividade (CNAE 2.0), 2015. IBGE. Disponível em: <https://goo.gl/GXp7br>. Acesso em 20 fev. 2018.

120 Gala, Paulo. **O atlas da complexidade econômica: um novo breakthrough empírico para os economistas estruturalistas**. Disponível em: <https://goo.gl/QwdS24>. Acesso em 20 fev. 2018.

ecossistema empreendedor português tornam necessária a criação de melhores condições para acolher esses novos projetos empreendedores e inovadores, a que é inerente a necessidade de promover a atração de profissionais altamente qualificados que contribuam para o desenvolvimento do ecossistema econômico.

No novo paradigma tecno-econômico a atividade inovadora e a produção de conhecimento são essenciais para a competitividade das empresas.

O requisito de flexibilidade deste novo paradigma levou alguns autores a propor, ainda nos anos 80, que as micro e pequenas empresas (MPEs) assumiriam importância crescente na economia.

Em 2014 o SEBRAE emitiu um relatório[121] demonstrando que em dez anos, os valores da produção gerada pelos pequenos negócios saltaram de R$ 144 bilhões para R$ 599 bilhões:

121 Relatório PIB dos pequenos negócios no Brasil. SEBRAE. 2014 Disponível em: <http://agenciasebrae.com.br/sites/asn/uf/ NA/micro-e-pequenas-empresas-geram-27-do-pib-do-brasil,87fbbea3d9e57410VgnVCM2000003c74010aRCRD#pret tyPhoto >. Acesso em 24 abr. 2019.

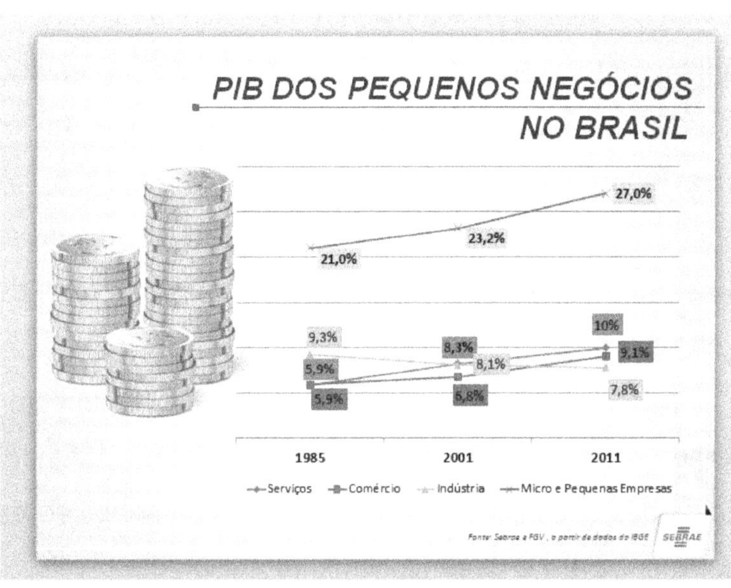

Segundo dados da Junta Comercial do Estado Rio de Janeiro[122], os empreendedores optam por constituir uma sociedade empresária limitada, na modalidade de Microempresa ou de Empresa de Pequeno Porte[123]:

---

[122] Estatística. Disponível em: <https://www.jucerja.rj.gov.br/Informacoes/Estatistica>. Acesso em 24 abr. 2019.

[123] "Art. 3º Para os efeitos desta Lei Complementar, consideram-se microempresas ou empresas de pequeno porte, a sociedade empresária, a sociedade simples, a empresa individual de responsabilidade limitada e o empresário a que se refere o art. 966 da Lei no 10.406, de 10 de janeiro de 2002 (Código Civil), devidamente registrados no Registro de Empresas Mercantis ou no Registro Civil de Pessoas Jurídicas, conforme o caso, desde que: I - no caso da microempresa, aufira, em cada ano-calendário, receita bruta igual ou inferior a R$ 360.000,00 (trezentos e sessenta mil reais); e II - no caso de empresa de pequeno porte, aufira, em cada ano-calendário,

A ideia de flexibilidade associada a porte foi rapidamente questionada, e a partir daí vários estudos sobre as MPEs foram realizados, focando na capacidade empreendedora destas empresas. Ao mesmo tempo, diversos autores se debruçaram sobre a questão da geração de conhecimento nas grandes empresas.

Compreender de que forma o conhecimento é gerado nas empresas e como elas adotam e difundem inovações é importante para discutir a contribuição das empresas para o desenvolvimento nacional e local.

Em breve análise sobre o tema, verificou-se que desde 2016, através do Programa Cidades Digitais, do Ministério da Ciência, Tecnologia, Inovações e Comunicações (MCTIC), está ativo o Frontin Digital. O projeto foi implementado no Instituto Federal do Rio de

---

receita bruta superior a R$ 360.000,00 (trezentos e sessenta mil reais) e igual ou inferior a R$ 4.800.000,00 (quatro milhões e oitocentos mil reais).". Lei Complementar nº 123, de 14 de dezembro de 2006. Institui o Estatuto Nacional da Microempresa e da Empresa de Pequeno Porte; altera dispositivos das Leis no 8.212 e 8.213, ambas de 24 de julho de 1991, da Consolidação das Leis do Trabalho - CLT, aprovada pelo Decreto-Lei no 5.452, de 1o de maio de 1943, da Lei no 10.189, de 14 de fevereiro de 2001, da Lei Complementar no 63, de 11 de janeiro de 1990; e revoga as Leis no 9.317, de 5 de dezembro de 1996, e 9.841, de 5 de outubro de 1999. Disponível em: <https://goo.gl/BqYSWn>. Acesso em 20 fev. 2018.

Janeiro, fazendo com que a Cidade fosse a primeira do Estado do Rio de Janeiro a ser contemplada com esta iniciativa.

Além disso, conforme conversa com um dos membros do RING – Encontro de Desenvolvedores de Jogos do Rio de Janeiro, no evento *StartupDay* realizado pelo Sebrae, tive ciência que será disponibilizado pela Prefeitura de Paulo de Frontin um prédio onde será um *hub* de empresas de *games*.

De acordo com as informações do Portal Brasil[124] o Programa Cidades Digitais já contempla 71 Cidades com o serviço de *internet*. A iniciativa do governo iniciou em 2012, quando selecionou 80 Cidades para implantar a infraestrutura com foco na inclusão digital, nos termos da Constituição Federal[125].

Em termos legais, a Câmara Municipal de Engenheiro Paulo de Frontin, promulgou a Lei Municipal nº 1122/2013, que principalmente dispõe:

> Art. 1º - Fica o chefe do Executivo autorizado a isentar o pagamento de IPTU, ISS, Alvará de localização, Taxa de iluminação pública, por um período de

---

124 Disponível em: <https://goo.gl/yHREuR>. Acesso 25 out. 2017.
125 Art. 21. Compete à União: (...) IX – elaborar e executar planos nacionais e regionais de ordenação do território e de desenvolvimento econômico e social;

seis anos, a todas as novas empresas que se instalarem no Município a partir da promulgação esta lei, podendo ocorrer até duas novas prorrogações de igual período, desde que atendidas as prerrogativas descritas no artigo 2º e 3º desta lei.

Parágrafo Único - As empresas regulares do ramo de tecnologia de informação, comunicação, 'call center' e jogos digitais, gozarão de 50% do benefício de redução de ISSQN concedidos às demais empresas, independentemente do cumprimento do critério de geração mínima de empregos prevista na reedição da Lei Municipal 503/96.

Cabe frisar que a dinâmica adotada pela Prefeitura, segue o disposto na Constituição de 1988, que é uma Constituição programática, eis que enuncia diretrizes, programas a serem realizados pelo Estado e pela sociedade, por tal razão Eros Grau afirma que:

"A Constituição do Brasil de 1988 projeta um Estado desenvolto e forte, o quão necessário seja para que os fundamentos afirmados no seu art. 1º e os objetivos definidos no seu art. 3º venham a ser plenamente realizados, garantindo-se tenha por fim, a ordem econômica, assegurar a todos a existência digna."[126]

---

126 GRAU, Eros. A Ordem Econômica na Constituição de 1988 (Interpretação e crítica).18ª Ed. Atual. São Paulo: Malheiros, 2017.

E ainda:

> "A afirmação de que um serviço público – um interesse, um problema – é de (peculiar) interesse local não supõe a afirmação de que seja ele considerado como único e exclusivo do Município. É fora de dúvida que tudo quanto seja de interesse local – municipal, pois – reflete-se, em última instância, como de interesse estadual e federal. Em contrapartida, não há interesse estadual ou federal que não respeite, também, ao interesse dos Municípios. O que distingue o peculiar interesse local daqueles é a circunstância de ser ele de caráter predominantemente local (a propósito, a antológica exposição de Sampaio Dória, "Autonomia dos Municípios", Revista da Faculdade de Direito de São Paulo XXIV/419)."[127]

Pois bem, feito uma breve análise legal, passa-se a análise da importância da *internet* para o desenvolvimento econômico de um Município. Em recente estudo elaborado pelo Instituto de Pesquisa Econômica Aplicada (IPEA), onde foi analisado dados de 5.564 Municípios, foi calculado que o acesso à *internet* tem efetivamente impacto na geração de riqueza, qual seja, a cada 1% de aumento no acesso à

---

127 idem.

internet gera um crescimento adicional de até 0,19% do PIB:

> "Os resultados para todos os modelos estimados mostram que o efeito da expansão da banda larga sobre o PIB é positivo e significativo. Na média, a ampliação de 1% do acesso à banda larga acarreta um aumento de 0,077% no PIB. O maior impacto ocorre nos municípios de maior renda per capita e alta concentração urbana. Logo em seguida, aparecem aqueles municípios em que a economia se concentra nos setores de serviço, comércio e construção. Em tais regiões, o efeito da expansão da banda larga pode alcançar um crescimento de 0,19% do PIB."

Os pesquisadores Alexandre Ywata de Carvalho, Mário Jorge Mendonça e José Jaime da Silva, para emitir o relatório "Avaliando o Efeito dos Investimentos em Telecomunicações sobre o PIB"[128] utilizaram dados entre 2007 e 2015, com informações de bases distintas, como o Censo do IBGE, registros administrativos dos Municípios e variáveis de infraestrutura cedidas pela Anatel.

Dessa forma, resta evidente o impacto e a necessidade da internet para o setor empresarial e, por conseguinte, para o desenvolvimento econômico

---

128 Disponível em:<https://goo.gl/ARnYGy>. Acesso 25 out. 2017.

regional.

Pois bem, após ter sua proposta aceita pelo Departamento de Infraestrutura para Inclusão Digital (DEID) do Ministério das Comunicações, o projeto executivo do programa Cidades Digitais no Município Engenheiro Paulo de Frontin, iniciou a fase de implantação.

Esclarece-se que o desenrolar do projeto teve um fator preponderante, a presença do Instituto Federal do Rio de Janeiro (IFRJ), tanto é assim que o Município será o primeiro do Estado do Rio de Janeiro a ser contemplada com a iniciativa.

Com a promulgação da Lei da Inovação, Lei do Bem, e novas políticas públicas de desenvolvimento e a aproximação real da Universidade do setor empresarial, espera-se que o Brasil entre na rota do desenvolvimento das medidas previstas no artigo 45 da Agenda da OMPI.

O Frontin Digital já rendeu bons frutos para o Prefeito Marco Aurélio: "Nós da administração pública vamos poder capacitar melhor nossos servidores, fazer matrícula online, agendamentos de consultas, distribuição de remédios".

Por isso, boas práticas governamentais podem

estimular o empreendedorismo e atrair empresas digitais para o interior do Estado do Rio de Janeiro e com cultura industrial, ocasionando a formação de um Arranjo Produtivo Local, que já vem sendo nomeada de Vale do Silício Fluminense ou Frontin Digital.

Neste contexto, mostra-se essencial o papel das entidades incubadoras no acolhimento, enquadramento e apoio a imigrantes empreendedores e seus projetos empresariais, desde logo em fase de criação, instalação e arranque do seu desenvolvimento, cabendo legalmente ao Governo a sua certificação.

4. UMA ANÁLISE DO PROGRAMA STARTUP RIO

No quarto capítulo demonstraremos como a FAPERJ apoia a difusão de ambiente de inovação em tecnologia digital no Estado do Rio de Janeiro através de Programas destinado a projetos que podem vir a se tornar empresas nascentes de base tecnológica. !! br0ken!!

No Rio de Janeiro, foi promulgada a Lei de Inovação Tecnológica (Lei Estadual n° 5.361/2008) para promover a interação entre empresas, Instituições Científicas e Tecnológicas (ICTs) e agências de fomento, resultando em ambientes especializados e cooperativos de inovação como incubadoras de empresas, parques tecnológicos e centros de pesquisa e desenvolvimento no Estado.

Considerando a presença de atores importantes para o Sistema Regional de Inovação – SRI, bem como de dotações naturais e institucionais, características que influenciam a concentração das atividades inovativas, em 2015 ocupava a 5ª posição das Capitais mais inovadora, conforme mapeamento realizado pela UNICAMP[129].

---

129 EWERS, Luciana. **MCTI e revista Inovação mapeiam as dez cidades mais inovadoras do país**. Publicado em 5 de outubro de 2015. Especial Setembro/2015. Revista Eletrônica de P, D&I. Disponível em: <https://goo.gl/WFCnDy>. Acesso em 31 mar. 2019.

Tal informação, também, é consubstanciada na Nota Conjuntural nº 43 de setembro de 2016, emitida pelo SEBRAE[130], na qual resta demonstrado que a economia do Estado do Rio de Janeiro, se encontra em situação frágil, com sinais de piora desde 2015, visto que mais da metade dos microempreendedores individuais está inadimplente.Em relação à origem dos 50 principais depositantes residentes por estado da federação, o Rio de Janeiro ficou em 5º lugar, com 3 (6%) patentes registradas no INPI, enquanto São Paulo aparece na 1ª colocação, com 12 depositantes (24%), seguido de Minas Gerais e Rio Grande do Sul, com 6 cada (12% cada); Paraná, com 4 (8%)[131].

A trajetória da indústria fluminense, ao longo da primeira década dos anos 2000, revelou uma tendência de crescimento e especialização da estrutura produtiva, cujos investimentos foram realizados, sobretudo, em setores relacionados ao petróleo. Essa tendência se refletiu na ampliação dos investimentos nas atividades inovativas que também se concentraram naqueles setores relacionados à economia petrolífera.

---

130 Nota Conjuntural. SEBRAE. Disponível em: <https://goo.gl/HgMSqE>. Acesso em 12 jun. 2017.
131 Ranking 2016. INPI. Disponível em: <https://goo.gl/HRMsrJ>. Acesso em 19 out. 2017.

Constata-se, assim, que a infraestrutura científica e tecnológica do estado poderia ser melhor aproveitada por meio ações que articulassem seus diversos atores e promovessem uma taxa de inovação mais robusta, as quais poderiam ser implementadas por meio de políticas públicas que considerem as competências locais específicas e estimulem, de forma sistêmica, os fluxos de conhecimento tácito e codificado, recursos humanos e financeiros.

Associado ao fortalecimento da indústria no Rio impulsionada pela economia petrolífera houve ampliação dos dispêndios nas atividades inovativas e do número de empresas industriais que realizaram inovação com ou sem cooperação com outras organizações.

Os dados da PINTEC demonstram que a parcela dos dispêndios em atividades inovativas realizados pelas empresas industriais do Rio, em relação aos realizados pelas demais indústrias brasileiras, manteve-se entre 8% e 9% nas primeiras quatro edições da PINTEC e cresceu para 12% em 2011.

Quando se avalia o direcionamento desses esforços, percebe-se que ao longo das cinco edições, as empresas fluminenses destinaram uma parcela cada vez maior desses dispêndios para as atividades internas de P&D, alcançando em 2011 a participação de 68% do total.

Por outro lado, a participação do tópico aquisição de máquinas e equipamentos foi declinante nos dispêndios das empresas fluminenses, caindo de 49% em 2000 para 10% em 2011. Enquanto que para o conjunto das empresas industriais brasileiras, nas cinco edições da PINTEC, essa participação situou-se entre 47% e 52%.É perceptível que a avaliação da qualidade das instituições voltadas à gestão e à formulação de política científica e tecnológica encontra resistências, em função das políticas e gestão de ciência e tecnologia estarem a cargo do setor público.

A Inovação no Rio de Janeiro ainda não é tratada como questões de Estado e, por conseguinte, não ultrapassa de um período governamental para outro.

Para demonstrar a falha cometida pela FAPERJ na forma descontrolada no fomento ao desenvolvimento e crescimento econômico do Estado do Rio de Janeiro, escolhemos como referencial teórico o Programa "STARTUP RIO 2015: APOIO À DIFUSÃO DE AMBIENTE DE INOVAÇÃO EM TECNOLOGIA DIGITAL NO ESTADO DO RIO DE JANEIRO", lançado pelo Edital FAPERJ nº 10/2015, que é uma iniciativa público-privada do Estado do Rio de Janeiro, através da Secretaria de Estado de Ciência, Tecnologia e Inovação – SECTI e a Fundação Carlos Chagas Filho de Amparo à Pesquisa do Estado do Rio de Janeiro – FAPERJ e demais parceiros para fomentar a cultura de empreendedorismo, transformando o estado em um polo de referência internacional em tecnologia digital[132].

Nos termos do Edital FAPERJ nº 10/2015, os objetivos do Programa "STARTUP RIO 2015: APOIO À DIFUSÃO DE AMBIENTE DE INOVAÇÃO EM TECNOLOGIA DIGITAL NO ESTADO DO RIO DE JANEIRO", daqui para frente utilizaremos STARTUP RIO, são:

> 1.1 Ajudar o desenvolvimento e a qualidade do ecossistema de empreendedorismo digital no Estado do Rio de Janeiro, criando uma massa de novas ideias que podem ser validadas e apropriadas pelo mercado.

[132] Startup Rio. Disponível em: <http://www.startuprio.rj.gov.br/>. Acesso 16 out. 2017.

1.2 Incentivar, estimular, apoiar e promover iniciativas que versem sobre a temática da Difusão do Ambiente de Inovação em Tecnologia Digital, visando promover uma cultura de inovação tecnológica, criatividade e empreendedorismo no Estado do Rio de Janeiro.

1.3 Este Programa está fundamentado no incentivo a projetos que podem vir a se tornar empresas nascentes de base tecnológica, normalmente denominadas como STARTUPS , visando transformar o Estado do Rio de Janeiro num ambiente propício e atrativo para o desenvolvimento de todo o ecossistema relacionado ao empreendedorismo digital.

Dessa forma, o STARTUP RIO está de acordo com o disposto no artigo 2º, I, "*a*", da Lei Complementar nº 102/2002:

Art. 2º A FAPERJ tem por objetivo fomentar a pesquisa, o desenvolvimento de inovação e a formação científica e tecnológica necessárias ao desenvolvimento sociocultural, econômico sustentável e ambiental do Estado, bem como fomentar pesquisas ou estudos em prol da manutenção da vida humana, atendidos os preceitos éticos atinentes à matéria objeto da pesquisa ou do desenvolvimento da inovação.

<blockquote>
I - promover, estimular e apoiar o desenvolvimento científico e tecnológico em Instituições Científicas e Tecnológicas (ICTs), parques tecnológicos, incubadoras de empresas e empresas de base tecnológica, Núcleos de Inovação Tecnológica, bem como o inventor independente, sediados no Estado do Rio de Janeiro, de forma consorciada ou não, com ou sem retorno financeiro, por meio de:

a) programas, projetos e atividades que promovam desenvolvimento individual, institucional ou empresarial;
</blockquote>

Por isso vamos abordar três obstáculos epistemológicos para demonstrar a (in)efetividade dos projetos contemplados pelo STARTUP RIO no desenvolvimento e crescimento econômico do Estado do Rio de Janeiro: a falta de transparência no controle na prestação de contas, a ausência de registro da Propriedade Intelectual e o apoio financeiro realizado através da subvenção econômica.

4.1. Subvenção econômica

No Capítulo 1 traçamos um panorama que se fez necessário para identificar a evolução da Ordem Econômica, mas, também, para demonstrar a evolução e criação dos Institutos de Pesquisa.

No princípio os Institutos de Pesquisa sujeitavam-se aos interesses do país, vide o Instituto Oswaldo Cruz. Na década de 1960, como dito no Capítulo 1, são criados o Conselho Nacional de Desenvolvimento Científico e Tecnológico – CNPq e a Fundação Coordenação de Aperfeiçoamento de Pessoal de Nível Superior – CAPES, fortalecendo a pesquisa no âmbito universitário.

Desde a década de 60, o Estado se tornou mais do que apenas um agente colaborador da economia do conhecimento, porque desenvolveu e direcionou a pesquisa no âmbito universitário.

Em 2006, a Financiadora de Estudos e Projetos – FINEP, criou o Programa de Subvenção Econômico à Inovação, instituindo uma nova forma de fomento, qual seja a subvenção econômica sem retorno do capital fornecido pelo Estado.Após quatro anos do primeiro edital de Subvenção Econômica à Inovação, a FINEP divulgou o primeiro relatório[133] com bons resultados do Programa. Segundo dados levantados junto aos empresários, existiu um crescimento de 65,94% no

---

[133] **FINEP divulga resultado da primeira avaliação da Subvenção Econômica.** Disponível em: <http://www.fapema.br/index.php/finep-divulga-resultado-da-primeira-avaliacao-da-subvencao-economica/>. Acesso em 02 abr. 2019.

faturamento médio dos empreendimentos.Formalmente, o mecanismo de política de subvenção econômica é um tipo de subsídio governamental em que recursos públicos são destinados a empresas públicas ou privadas. É prevista e definida em lei[134] específica, que a classifica como uma transferência corrente, ou seja, não demanda contraprestação direta em bens ou serviços, o que a diferencia de compras governamentais e se destina exclusivamente às despesas de custeio, não se confundindo, portanto, com investimento.

---

134 "Art. 12. A despesa será classificada nas seguintes categorias econômicas: (...) § 3º Consideram-se subvenções, para os efeitos desta lei, as transferências destinadas a cobrir despesas de custeio das entidades beneficiadas, distinguindo-se como: I - subvenções sociais, as que se destinem a instituições públicas ou privadas de caráter assistencial ou cultural, sem finalidade lucrativa; II - subvenções econômicas, as que se destinem a emprêsas públicas ou privadas de caráter industrial, comercial, agrícola ou pastoril." Lei nº 4.320, de 17 de março de 1964. Estatui Normas Gerais de Direito Financeiro para elaboração e contrôle dos orçamentos e balanços da União, dos Estados, dos Municípios e do Distrito Federal. Disponível em: <http://www.planalto.gov.br/ccivil_03/LEIS/L4320.htm>. Acesso em 02 abr. 2019.

Essa modalidade de apoio financeiro consiste na aplicação de recursos públicos não reembolsáveis (que não precisam ser devolvidos) diretamente em empresas, para compartilhar com elas os custos e riscos inerentes a tais atividades[135].

A subvenção da Lei de Inovação é destinada à promover e incentivar a pesquisa e o desenvolvimento de produtos, serviços e processos inovadores em empresas brasileiras e em entidades brasileiras de direito privado sem fins lucrativos, mediante a concessão de recursos financeiros, humanos, materiais ou de infraestrutura a serem ajustados em instrumentos específicos e destinados a apoiar atividades de pesquisa, desenvolvimento e inovação, para atender às prioridades das políticas industrial e tecnológica nacional[136].

Essa modalidade de apoio financeiro permite a aplicação de recursos públicos não-reembolsáveis diretamente em empresas, para o compartilhamento dos custos e riscos inerentes às atividades de inovação.

---

135 Subvenção Econômica. FINEP. Disponível em: <http://www.finep.gov.br/apoio-e-financiamento-externa/instrumentos-de-apoio/subvencao-economica>. Acesso em 02 abr. 2019.

136 *Caput* do artigo 19, da Lei 10.973/2004.

A possibilidade de financiar o desenvolvimento tecnológico em empresas, combinando recursos reembolsáveis e não reembolsáveis, proporciona um grande poder de indução de atividades voltadas para a inovação.Embora existam algumas evidências de efeitos positivos sobre a produtividade e competitividade da economia, a efetividade da introdução desse mecanismo passou a ser questionada quanto à sua capacidade de promover o estímulo necessário às empresas em ampliar seus investimentos próprios em atividades tecnológicas e, com isso, acelerar o ritmo da inovação no país. Isso porque é uma de suas características principais, o aporte de recursos públicos em empresas sem necessidade de reembolso.

Apesar da norma dispor que a subvenção econômica consiste na concessão direta de recursos financeiros não reembolsáveis às empresas, o Edital nº 10/2015, do Programa STARTUP RIO 2015, dispôs que:

"2.1 São elegíveis como proponentes os Inventores Independentes, doravante denominados "PROPONENTES", **pessoas naturais** definidas como tal no inciso XI, do art. 2.º da Lei Estadual nº 5.361/2008, que, com o apoio de sua equipe, poderão se constituir como STARTUPs nos segmentos de Serviços de Internet, Aplicativos para Internet, Tecnologias Sustentáveis, Games e Mídias Digitais sediadas no Estado do Rio de Janeiro ("Art. 2º - Para os efeitos desta Lei, considera-se: "XI – inventor independente: pessoa natural, não ocupante de cargo efetivo, cargo militar ou emprego público, que seja inventor, obtentor ou autor de criação");"

"12.9 Após a liberação dos resultados finais, a FAPERJ fará contato com os proponentes das propostas aprovadas, por meio do e-mail informado nos cadastros, para a retirada dos **Termos de Outorga e Aceitação de Auxílio**, e de documentos necessários para abertura de conta bancária (específica para administração dos recursos disponibilizados pela Fundação); por ocasião da devolução desses documentos à FAPERJ, os aprovados também deverão entregar o Formulário de Inscrição devidamente preenchido (ver item 7.4);" (grifos nossos)

Por lógica, os objetivos[137] previstos no item 1,

---

[137] "1.1 Ajudar o desenvolvimento e a qualidade do ecossistema de empreendedorismo digital no Estado do Rio de Janeiro, criando uma massa de novas ideias que podem ser validadas e apropriadas pelo mercado. 1.2 Incentivar, estimular, apoiar e promover iniciativas que versem sobre a temática da Difusão do Ambiente de Inovação em Tecnologia Digital, visando promover uma cultura de inovação tecnológica, criatividade e

do Edital FAPERJ nº 10/2015, do Programa analisado, não são satisfatórios, porque, após pesquisarmos o nome de cada participante do Programa na plataforma de Brasil.IO[138], não encontramos nenhuma participação acionários em qualquer sociedade empresária cadastrada na Receita Federal.

Ausente uma boa avaliação no processo seletivo, prospecção preliminar e estudos de mercado para o produto, processo ou serviço a ser desenvolvido no âmbito do Programa STARTUP RIO 2015, ocasionou um gasto para fins de aprimoramento dos proponentes, diferente do almejado pela Organização Mundial do Comércio – OMC, que promove a utilização

---

empreendedorismo no Estado do Rio de Janeiro. 1.3 Este Programa está fundamentado no incentivo a projetos que podem vir a se tornar empresas nascentes de base tecnológica, normalmente denominadas como STARTUPS , visando transformar o Estado do Rio de Janeiro num ambiente propício e atrativo para o desenvolvimento de todo o ecossistema relacionado ao empreendedorismo digital."

138 O Brasil em dados libertos. Repositório de dados públicos disponibilizados em formato acessível. Sócios das Empresas Brasileiras. Quadros societários e de administradores das pessoas jurídicas brasileiras. Fonte original: Receita Federal do Brasil. Libertado por: Álvaro Justen. Código-fonte: https://github.com/turicas/socios-brasil. Licença: Creative Commons Attribution-ShareAlike 4.0 International (CC BY-SA 4.0). Links relacionados: Dicionário de dados da qualificação dos sócios, Decreto nº 8.777, de 11 de maio de 2016. Tabelas: empresas, holdings, socios. Disponível em: <https://brasil.io/home>. Acesso em 02 abr. 2019.

da subvenção econômica para inovação nas empresas como instrumento de política de governo.

4.2. Propriedade Intelectual

Como já falado no Capítulo 2, as normas que regem a propriedade industrial existem para um fim específico, para o desenvolvimento tecnológico, social e econômico do País.

Como objeto de análise desse Capítulo é o Programa STARTUP RIO – 2015, sendo este fundamentado no incentivo a projetos que podem vir a se tornar empresas nascentes de base tecnológica, normalmente denominadas como *STARTUPS*[139], faz-se necessário expor sobre o programa do computador e suas diferentes formas de registro.

---

139 Edital FAPERJ nº 10/2015. Programa "STARTUP RIO 2015: APOIO À DIFUSÃO DE AMBIENTE DE INOVAÇÃO EM TECNOLOGIA DIGITAL NO ESTADO DO RIO DE JANEIRO". Disponível em: <https://goo.gl/fV57tA>. Acesso em 03 fev. 2018. item 1.3.

Mais uma vez citamos o Relatório de Auditoria Operacional – Avaliação de atividade finalística – Auxílio financeiro concedido pela FAPERJ[140], tendo como período da Auditoria de setembro a dezembro de 2011, visto que nesse item os Auditores também fizeram uma recomendação, qual seja:

> RECOMENDAÇÃO à FAPERJ:
> - Implantar a sua política sobre a exploração dos direitos de propriedade de inovações patenteadas ou não, dentro dos mecanismos dispostos na Lei n.º 5.361/2008 e na sua regulamentação, Decreto nº 42.302/2010, de forma que a FAPERJ possa, o mais breve possível, utilizar-se dos benefícios e recursos financeiros oriundos da Lei de Inovação Tecnológica.

Em respeito a posição contrária, no nosso entender o programa de computador é que melhor reflete a inovação na Era Digital, visto que o processo de criação é ágil e alavancado pela criatividade para obter valor de novas maneiras, por meio de novos produtos, novos serviços e novos negócios[141].

---

140 Relatório Auxílio Financeiro Concedido pela FAPERJ. Auditoria Geral do Estado. Secretaria de Fazenda do Estado do Rio de Janeiro. Rio de Janeiro: 2011. Disponível em: <https://goo.gl/bq8jon>. Acesso em 24 jan. 2018.

141 JONASH, Ronald; SOMMERLATTE, Tom. **O valor da Inovação**. São Paulo: Campus, 2001

Apesar do programa de computador ser uma solução técnica, suas regras de proteção se igualam ao trabalho artístico, protegido pelo direito autoral. No Brasil a legislação pertinente ao registro e proteção do programa de computador são as seguintes:

> Lei de Programa de Computador nº 9.609/98 - Promulgada em 19/02/98, substitui a Lei 7646/87, entrou em vigor na data de sua publicação, dispõe sobre a proteção de propriedade intelectual de programa de computador e sua comercialização no Brasil.
> Lei de Direitos Autorais nº 9.610/98 - Promulgada em 19 de fevereiro de 1998, substitui a Lei 5988/73, entra em vigor 120 dias após sua publicação; foi promulgada em 19 de fevereiro de 1998.
> Decreto n° 2.556/98 - Promulgado em 20 de abril de 1998, regulamenta o registro previsto no art. 3º da Lei 9.609/98.
> Resolução PR nº 61, de 18 de março de 2013 - Dispõe sobre o depósito dos pedidos de registro de programa de computador e dos procedimentos relativos a numeração destes pedidos.
> Resolução nº 200, de 04 de setembro de 2017 - Institui a Tabela de Retribuição dos Serviços de Registro de Programas de Computador, em meio eletrônico.
> Instrução Normativa nº 074/2017, de 01 de setembro de 2017 - Estabelece os procedimentos relativos ao Registro de Programa de Computador e ao formulário eletrônico e-RPC.
> Manual do Usuário – Descreve os procedimentos instituídos pela Instrução Normativa nº 074/2017.

Em termos legais, essa é a definição do programa de computador:

> Art. 1º Programa de computador é a expressão de um conjunto organizado de instruções em linguagem natural ou codificada, contida em suporte físico de qualquer natureza, de emprego necessário em máquinas automáticas de tratamento da informação, dispositivos, instrumentos ou equipamentos periféricos, baseados em técnica digital ou análoga, para fazê-los funcionar de modo e para fins determinados.[142]

Marcos Wachowicz define o programa de computador de forma mais abrangente:

---

[142] Lei nº 9.609, de 19 de fevereiro de 1998. Dispõe sobre a proteção da propriedade intelectual de programa de computador, sua comercialização no País, e dá outras providências. Disponível em: <https://goo.gl/EkBgFy>. Acesso em 03 fev. 2018.

O software abrange, além do programa de computador em si, que é a linguagem codificada, também a descrição detalhada do programa, as instruções codificadas para criar o programa, a documentação escrita auxiliar deste, bem como outros materiais de apoio relacionados. Isso tudo para que, uma vez ocorrida a incorporação do software ao meio físico hardware, possibilite-se a execução de inúmeras funções previamente determinadas e que estão disponíveis para serem utilizadas e realizadas pelos usuários do computador.[143]

Denis Borges Barbosa conceitua o programa de computador da seguinte forma:

Ter-se-ia, assim, o programa de computador propriamente dito (o conjunto de instruções para comanda a máquina) e uma série de dados e serviços complementares, compreendendo-se o todo na noção de software. Tal definição faz evidente a missão de tecnologia: além das instruções de máquinas haveria as instruções dirigidas ao receptor humano, e o todo seria o software.[144]

143 WACHOWICZ, Marcos. **Propriedade intelectual do software & revolução da tecnologia da informação**. Curitiba: Juruá Editora, 2004. pág. 71.
144 BARBOSA, Denis Borge. **Tratado da propriedade intelectual. A proteção do software. Do sigilo dos testes para registro de comercialização. Topografia de circuitos integrados**. Rio de Janeiro: Lumen Juris. 2010. pág. 1831

Em oposição a proprietário tradicional do programa de computador, existe o programa de computador livre, que não é necessariamente livre, não tem código-fonte aberto para edição, e, principalmente, não deixa de ser tutelado pelo Direito Autoral.

Segundo a Free Software Foundation:

> O software livre é um software que oferece ao usuário a liberdade de compartilhar, estudar e modificá-lo. Chamamos esse software gratuito porque o usuário é gratuito.[145]
>
> Um programa é um software livre se os usuários tiverem as quatro liberdades essenciais:
> A liberdade de executar o programa conforme desejado, com qualquer finalidade (liberdade 0).
> A liberdade de estudar como funciona o programa e mudá-lo para fazer o que quiser (liberdade 1). O acesso ao código-fonte é uma condição necessária para isso.
> A liberdade de redistribuir cópias para ajudar o seu vizinho (liberdade 2).
> A liberdade de distribuir cópias de suas versões modificadas para terceiros (liberdade 3). Isso permite que você ofereça a toda a comunidade a oportunidade de se beneficiar das modificações. O acesso ao código-fonte é uma condição necessária para isso.[146]

---

145 Free Foundation. **O que é software livre?**. Disponível em: <https://goo.gl/QbjAUN>. Acesso em 04 fev. 2018.
146 Idem.

Richard Stallman explica a diferença entre o programa de computador livre e de código aberto:

Na prática, o código aberto apoia critérios um pouco mais flexíveis que os do software livre. Até onde sabemos, todos os códigos abertos de software livre lançados se qualificariam como código aberto. Quase todos os softwares de código aberto são software livre, mas há exceções. Primeiro, algumas licenças de código aberto são restritivas demais, de forma que elas não se qualificam como licenças livres. Por exemplo, a "Open Watcom" é não livre porque sua licença não permite fazer uma versão modificada e usá-la privativamente. Por sorte, poucos programas usam tais licenças.

Segundo, e mais importante na prática, muitos produtos contendo computadores verificam assinaturas em seus programas executáveis para bloquear usuários de instalar executáveis; apenas uma empresa privilegiada pode fazer executáveis que funcionem no dispositivo e que possa acessar toda sua capacidade. Nós chamamos esses dispositivos de "tiranos", e a prática é chamada de "tivoização" em referência ao produto (Tivo) através do qual nós vimos isto pela primeira vez. Mesmo que o executável tenha sido feito de código aberto, os usuários não podem executar versões modificadas dele, motivo pelo qual o executável é não livre.

> Os critérios de código aberto não reconhecem essa questão; eles se preocupam unicamente com o licenciamento do código aberto. Então, esses executáveis não modificáveis, quando feitos a partir de código aberto como o Linux, que é um código aberto e livre, são códigos abertos, porém não livres. Muitos produtos do Android contém executáveis tivoizados não livres do Linux.[147]

O fomento ao *software* livre, no entanto, poderá ter alguns efeitos colaterais na capacidade tecnológica do setor, pois trata-se de uma plataforma cujo uso alcança uma parcela ainda modesta do mercado, embora crescente[148].

---

147 STALLMAN, Richard. **Por que o código aberto não compartilha dos objetivos do software livre**. Free Software Foundation. Disponível em: <https://goo.gl/ijdxHX>. Acesso em 06 fev. 2018.

148 TIGRE, Paulo Bastos. **O Brasil na economia do conhecimento: aspectos estruturais da competitividade em software e serviços**. Página 23-.25 *in* LINS, Bernardo Felipe Estellita. Et al. **O mercado de software no Brasil: problemas institucionais e fiscais** / Relator: Marcondes Gadelha. Brasília: Câmara dos Deputados, Coordenação de Publicações, 2007. 149 p. – (Série cadernos de altos estudos; n. 3).

No Brasil o setor governamental é responsável por cerca de 40% de todas as compras de software (licenças de uso e serviços)[149].Acrescenta-se aos efeitos colaterais o aumento da despreocupação com o registro no INPI do programa de computador, visto que o empresário brasileiro do ramo tecnológico não se preocupa em registrar sua autoria.

Em visita ao evento Circuito Startup – Rio, em 26 de outubro de 2016, constatamos que o discurso padrão é: "não estamos preocupados em registrar nossa tecnologia ou processo inovador. Queremos que outros usem, porque também utilizamos os dos outros."

---

149 LINS, Bernardo Felipe Estellita. Et al. **O mercado de software no Brasil: problemas institucionais e fiscais** / Relator: Marcondes Gadelha. Brasília: Câmara dos Deputados, Coordenação de Publicações, 2007. 149 p. – (Série cadernos de altos estudos; n. 3)

Não existe avanço sem registro e proteção de programas de computador pelo Direito Autoral, nesse sentido o Anuário Estatístico de Propriedade Industrial de 2000-2012[150] elaborado pelo Instituto Nacional da

150 "A Agenda de Desenvolvimento da Organização Mundial da Propriedade Intelectual (OMPI), aprovada e publicada em 2007, entre as suas recomendações, indicava a necessidade de que os países membros desenvolvessem banco de dados que permitissem a produção de estudos sobre os impactos econômicos, sociais e culturais do uso do Sistema de PI. Nesse sentido, a OMPI criou a sua Divisão de Economia e Estatística para elaborar estudos sobre o sistema internacional de PI, assim como relatórios comparativos entre os escritórios de PI. Neste contexto, o INPI criou a Assessoria de Assuntos Econômicos (AECON), pelo Decreto nº 7.356 em 12 de novembro de 2010, com a missão de conduzir estudos econômicos sobre o impacto da propriedade intelectual e o papel do Instituto no desenvolvimento nacional. Desde então, o INPI vem trabalhando para melhorar a qualidade de sua base de dados para fins estatísticos e para o seu uso em trabalhos empíricos. O INPI, com o apoio da OMPI, executou o Projeto "Criação de base de dados sobre propriedade intelectual para fins estatísticos – BADEPI" através do qual foi criada uma base de dados estruturada voltada para fins estatísticos que servisse como ferramenta para desenvolver estudos aplicados sobre o uso do Sistema de PI e seus impactos econômicos, sociais e culturais. Em seguida, o INPI, através da AECON, com as contribuições valiosas das diversas diretorias e coordenações-gerais e com o apoio da Divisão de Economia e Estatística da OMPI, produziu o 'Relatório sobre o uso de PI no Brasil' que fez parte do projeto sobre Propriedade Intelectual e Desenvolvimento Socioeconômico sob o Comitê sobre Propriedade Intelectual e Desenvolvimento - CDIP 5/7, em 2014, cobrindo o período 2000-2011 e parcialmente o ano de 2012. Nesta publicação, o INPI divulga os resultados do Anuário Estatístico do INPI - 2000-2012, como um desdobramento do Projeto BADEPI e com uma série de

Propriedade Intelectual – INPI[151], que tratam sobre o depósito de programas de computador no Brasil[152].

A Lei de Inovação é fundamental para definir as diretrizes para o fomento das pesquisas científicas e tecnológicas. Há, todavia, de serem observados alguns aspectos atinentes a essa regulação, uma delas a falta de Política de Propriedade Intelectual.

É interessante notar que os depósitos vinham numa crescente de 2001 até 2004, e após a promulgação da Lei nº 10.973/2004, de 2005 até 2007, o INPI registrou uma redução nos depósitos. Já em 2008, com a crise financeira e econômica, os depósitos

---

aperfeiçoamentos. Entre eles, a cobertura completa do ano de 2012 para todas as formas de proteção, o tratamento de inconsistências da base de dados e a inclusão de novos indicadores sobre o sistema PI brasileiro. Cabe assinalar o esforço significativo de tratamento de missings de dados, envidado com o propósito de oferecer aos usuários resultados mais desagregados geograficamente por natureza jurídica e, como possível desdobramento, permitir a classificação por atividade econômica.". Anexo Metodológico. Anuário Estatístico de Propriedade Industrial: 2000-2012. INPI. Disponível em: <https://goo.gl/GGEsvH>. Acesso em 03 fev. 2018.

151 Anuário Estatístico de Propriedade Industrial: 2000-2012. INPI. Disponível em: <https://goo.gl/GGEsvH>. Acesso em 03 fev. 2018.

152 Relatório **Indicadores de Propriedade Industrial 2017: O uso do sistema de propriedade industrial no Brasil**. Instituto Nacional da Propriedade Industrial – INPI. Disponível em: <http://www.inpi.gov.br/sobre/estatisticas/arquivos/indicadores_pi/indicadores-de-propriedade-industrial-2017.pdf>. Acesso em 02 abr. 2019.

retornam o crescimento, restando evidente que em situações de crise a inovação tem seus índices elevados, por ser uma saída para mudança do *status a quo*.

Com fito de elucidar o leitor unindo teoria, lei e prática, trazemos o exemplo do Núcleo de Inovação Tecnológica das Unidades de Pesquisas do Ministério da Ciência, Tecnologia e Inovação no Rio de Janeiro, NIT-RIO, com fito de melhor explicar o que é um Núcleo de Inovação Tecnológica.

O NIT-RIO está vinculado ligado à Subsecretaria de Coordenação das Unidades de Pesquisa (SCUP) do Ministério da Ciência, Tecnologia e Inovação (MCTI), e desde a sua criação em 2007, o NIT-Rio atua em toda a cadeia da inovação tecnológica, executando atividades relacionadas à gestão da propriedade intelectual, negociação de parcerias com setor produtivo e transferência de tecnologia das sete Unidades de Pesquisa associadas – CBPF – Centro Brasileiro de Pesquisas Físicas, CETEM – Centro de Tecnologia Mineral, IMPA – Instituto Nacional de Matemática Pura e Aplicada, INT – Instituto Nacional de Tecnologia, LNCC – Laboratório Nacional de Computação Científica, MAST – Museu de Astronomia e Ciências Afins, ON – Observatório Nacional[153].

---

153 Quem somos. NITRIO. Disponível em: <https://goo.gl/HB9zKt>. Acesso em 18 fev. 2018.

Mesmo como um capital intelectual capacitado, tanto dos bolsistas quanto os pesquisadores que utilizam seus serviços, o NIT-RIO não possui investimento privado, ou até público, para o seu funcionamento, ocasionando um prejuízo no desenvolvimento ao apoio pesquisadores[154] e nas suas políticas de incentivo à inovação, visto que não consegue divulgar de forma eficaz a importância do registro da propriedade intelectual ou transformar a pesquisa de base em um produto mínimo viável[155].

A consequência da falta de política de inovação, ocasiona um efeito contrário ao desenvolvimento, visto que muitos pesquisadores não tem confiança em demonstrar suas pesquisas para

154 De acordo com o depoimento colhido com os funcionários/bolsistas, realizada em dezembro de 2016, coletamos dados que substanciam que, além da falta de apoio privado, a verba dos projetos apoiados pelo Estado não está sendo repassada, prejudicando o funcionamento nos termos do artigo 16, da Lei nº 10.973/2004. Além disso, a bolsista responsável pelo jurídico do NIT, informou que o pesquisador não confia em outro para desenvolver o resultado da sua pesquisa como um produto comercial, ocasionando a não realização de contratos de transferência de tecnologia.

155 "O MVP prova a visão inicial da startup, revelando se aquela boa ideia corresponde mesmo um produto interessante (na vida real) ou se era apenas uma "expectativa utópica", sem lastro com as demandas práticas do mercado.". O guia prático para o seu MVP – *Minimum Viable Product*. ENDEAVOR. Disponível em: <https://goo.gl/aecCpD>. Acesso em 18 fev. 2018.

escritórios de negócios, que vão aprimorar e tonar comercial aquele novo produto ou processo inovador.

Apesar dos pesquisadores serem Mestres ou Doutores no ramo da pesquisa científica tecnológica, os pesquisadores preferem fazer suas pesquisas para si e não dão continuidade no teste prático, pois, assim, evitam que a pesquisa ganhe uma roupagem comercial.

Tal fato ocasiona um problema de aprisionamento da pesquisa em sede universitária. Ressalvando os casos de registro para fins de pontuação interna para progressão de carreira[156].

---

156 Nessas situações os Professores utilizam a Propriedade Intelectual como um atributo para aumento da sua remuneração ou status acadêmico na Instituição de Ensino que está vinculado.

A falta de conhecimento[157] sobre Propriedade Intelectual no meio acadêmico gera prejuízos imensuráveis para o desenvolvimento e crescimento econômico do país[158].

Além disso, as agências de fomento ou demais órgãos estatais contribuem para a falta de política de propriedade intelectual. O que causa perplexidade, visto que são os maiores investidores de inovação no Brasil.

---

157 "Cada um desses assuntos exceto talvez o último modelo chega, quase a ponto de examinar a propriedade intelectual como um fator tanto gerador da inovação como um condutor da difusão do conhecimento. Vários dos autores mencionam explicitamente a propriedade intelectual ou sugerem o aumento das pesquisas sobre as instituições, a transferência de tecnologia e as barreiras de entrada, o que leva ao estudo da propriedade intelectual. Para uma pesquisa mais profunda sobre a dinâmica da inovação e da imitação, a distinção entre a difusão do conhecimento e a transferência de tecnologia e a relação entre o conhecimento tácito e o conhecimento adquirido, será útil e provavelmente necessário estudar de que maneira, na prática, funciona a proteção à propriedade intelectual". SHERWOOD, Robert M.. **Propriedade Intelectual e Desenvolvimento Econômico**. São Paulo: Edusp, 1992.

158 Em 2011 um relatório emitido pela Organização Mundial de Propriedade Intelectual (OMPI) descreveu como a posse dos direitos de propriedade intelectual (PI) se tornou fundamental para estratégias de empresas em todo o mundo. Disponível em: <https://www.wipo.int/pressroom/en/articles/2011/article_0027.html>. Acesso em 02 abr. 2019.

Corroborando com esse pensamento está a FAPERJ, com se vê na resposta ao item do questionário enviado para o Coordenador do Programa StartupRio, eis que pior que não registrar, é permitir que a inovação gerada no Programa STARTUP RIO – 2015 seja registrada por outro e sem a coautoria da FAPERJ:

> Quem é o proprietário do ativo registrado no INPI?
> O proprietário será o autor do registro.

O que causa perplexidade, visto que foram investidos R$ 96.000,00 (noventa e seis mil reais) por projeto aceito e aprovado para participar no Programa STARTUP RIO 2015, totalizando o valor de R$ 5.664.000,00 (cinco milhões e seiscentos e sessenta e quatro mil reais), considerando o resultado final do Edital FAPERJ nº 10/2015 – "Start-Up Rio 2015"[159].

---

159 Dado disponível em: <http://www.faperj.br/?id=3240.3.9>. Acesso em 02 abr. 2019.

Permitir que o autor do projeto, fomentado com dinheiro público, seja o único proprietário do ativo oriundo da inovação gerada dentro do Programa STARTUP RIO 2015, contribui para a falta de política de Propriedade Intelectual. Tanto é assim que nenhum projeto tem registro no INPI de marca ou programa de computador oriundo dos projetos apoiados[160].

Não há que se falar em inovação sem se preocupar com a proteção da Propriedade Intelectual[161], porque se assegura ao titular os benefícios dos resultados obtidos da pesquisa e, consequentemente, o retorno dos investimentos.

4.3. Prestação de contas

No Estado de Direito, a Administração Pública assujeita-se a múltiplos controles, no afã de impedir-se que desgarre de seus objetivos que desatendam as balizas legais e ofendam interesses públicos ou dos particulares. Assim, são concebidos diversos

---

160 Esclarecemos que realizamos uma pesquisa à base de dados do INPI no dia 22 de agosto de 2018, e o filtro utilizado na pesquisa foi "nome do titular" e "palavra exata".

161 BUAINAIN, Antônio Márcio, SOUZA, Roney Fraga. **Propriedade Intelectual, Inovação e Desenvolvimento: desafios para o Brasil**. Rio de Janeiro: ABPI; 2018.

mecanismos para mantê-la dentro das trilhas a que está assujeitada, como bem explica Celso Antônio Bandeira de Mello[162].

Como já explicado, a FAPERJ é uma pessoa jurídica de Direito Público, conforme dispõe o artigo 1º, do Decreto nº 45.931 de fevereiro de 2017, portanto se submete à Lei Complementar nº 101, de 4 de maio de 2000, que estabelece normas de finanças públicas voltadas para a responsabilidade na gestão fiscal e dá outras providências[163].

No Edital nº 10/2015, Programa STARTUP RIO – 2015, a prestação de contas está assim disposta:

> Prestação de contas
> 10.1 A comprovação de gastos com os projetos aprovados deverá obedecer às normas das Instruções de Prestação de Contas da FAPERJ para projetos na Modalidade ADT1[164], disponível na área de serviços da página eletrônica da Fundação (www.faperj.br), bem como a orientações complementares que venham a ser expedidas por sua Diretoria;
> 10.2 O prazo máximo para prestação de contas final e apresentação do relatório

162 MELLO, Celso Antônio Bandeira. Curso de Direito Administrativo. 32ª Ed. 2015. Malheiros: São Paulo. Pág. 962.
163 Lei Complementar nº 101/2000. Disponível em: <https://goo.gl/3G4TWa>. Acesso 24 jan. 2018.
164 Auxílio ao Desenvolvimento e à Inovação Tecnológica – ADT 1. Disponível em: <https://goo.gl/FxxJwj>. Acesso 24 jan. 2018.

técnico, referente aos recursos financeiros recebidos na Fase 2 do Programa, é de 60 (sessenta) dias, a contar do término de execução do projeto estabelecido no item 5.6. Havendo saldo remanescente do projeto, deverá ser devolvido à FAPERJ antes da entrega da prestação de contas;

10.3 O empreendedor que tiver o seu projeto desclassificado do Programa após o término da Fase 1 não terá que prestar contas à FAPERJ;

10.4 Caso o empreendedor seja desclassificado do Programa na Fase 3, após o recebimento do recurso financeiro, deverá apresentar à FAPERJ, a prestação de contas e o relatório técnico no prazo máximo de 60 (sessenta) dias, a contar do dia de sua desclassificação do Programa. Havendo saldo remanescente do projeto, deverá ser devolvido à FAPERJ antes da entrega da prestação de contas;

10.5 Além do relatório detalhado ao final do projeto, cada inventor independente apoiado por este Edital, deverá estar disponível para apresentação de seus resultados, em data e local a serem marcados em comum acordo com a diretoria da FAPERJ;

10.6 A FAPERJ poderá, analisada a conveniência e oportunidade, divulgar ou publicar os resultados obtidos pela concessão do fomento aos projetos aprovados pelo presente Edital.

Como dito no Capítulo 3, há uma grande consciência na gestão das organizações sobre os benefícios dos conhecimentos gerados. Por isso, aqui dividimos a Prestação de Contas em dois contextos: o fornecimento dos dados (conhecimento) gerado pelo participante e a informação contábil das receitas e despesas realizadas durante do Programa STARTUP RIO[165].

Em um ambiente de criação umas das fontes de certeza para vantagem competitiva duradoura é o conhecimento, por isso destacamos os trechos na citação acima, porque não existem documentos que difundam amplamente o conhecimento documentado produzido pelos participantes do Programa STARTUP RIO:

> 1.1 Ajudar o desenvolvimento e a qualidade do ecossistema de empreendedorismo digital no Estado do Rio de Janeiro, criando **uma massa de novas ideias que podem ser validadas e apropriadas pelo mercado**.

---

165 "10. Prestação de contas. (...) 10.2 O prazo máximo para prestação de contas final e apresentação do relatório técnico, referente aos recursos financeiros recebidos na Fase 2 do Programa, é de 60 (sessenta) dias, a contar do término de execução do projeto estabelecido no item 5.6. Havendo saldo remanescente do projeto, deverá ser devolvido à FAPERJ antes da entrega da prestação de contas;"

É muito importante tentar reunir este conhecimento através dos relatórios técnicos.O acúmulo de conhecimento documentado serve para criar uma síntese, uma análise ou uma revisão dos diferentes conteúdos produzidos durante o Programa STARTUP RIO, que, após serem organizados, servirão para obter mais sentido e consolidar o conhecimento para a "Difusão do Ambiente de Inovação em Tecnologia Digital, visando promover uma cultura de inovação tecnológica, criatividade e empreendedorismo no Estado do Rio de Janeiro".

Por sua vez, o item 10.1 dispõe que a prestação de contas deve obedecer as "Instruções de Prestação de Contas da FAPERJ para projetos na Modalidade ADT1", em que constam os seguintes itens:

obedecendo a seguinte ordem sequencial de apresentação: (voltar ao sumário)

a) Carta de encaminhamento da Prestação de Contas – MODELO I;

b) Demonstrativo de Receitas e Despesas – MODELO II;

c) Relação de Documentos Comprobatórios de Despesas Realizadas – MODELO III;

d) Termo de Transferência e Entrega de Bens – MODELO IV, no que couber;

e) Documentação comprobatória da despesa discriminada no item 2.2.2 destas Instruções de acordo com o tipo de despesa (rubrica) realizada;

f) Extrato bancário completo da conta corrente do fomento concedido, desde a abertura da conta até o saldo final zerado, incluindo os meses em que não ocorreu movimentação;

g) Extrato dos rendimentos de aplicação financeira referente ao período de abertura até o encerramento da conta bancária;

h) Comprovante de devolução de saldo bancário, ou seja, saldo remanescente do projeto, se houver (guia GRE obtida no site da Secretaria de Estado de Fazenda RJ ou recibo de depósito bancário no Banco do Brasil se o projeto for proveniente de Edital relativo a Convênio, conforme orientações no item 1.9 destas Instruções);

i) Cheques, canhotos dos talonários não utilizados e cartão da conta corrente;

j) Carta de encerramento de conta corrente assinada pelo Banco, com carimbo da agência bancária. Esse documento é emitido pelo Banco em formulário padronizado, e deve ser assinado pelo gerente da conta corrente ou representante oficial da agência.

Além disso, nas "Disposições Finais" fica estabelecido que:

> 3.1 O processo somente será encerrado após as aprovações do Relatório Técnico final e da Prestação de Contas e desde que cumpridas todas as condições previstas neste instrumento e nas normas aplicáveis.

Ocorre que, mesmo com essas regras, não consta nenhuma informação disponível no site da FAPERJ, contrariando o artigo 48, inciso II, da Lei Complementar 101/2000[166].

Pois bem, visando validar a teoria de descontrole da prestação de contas, elaboramos um questionário com fito de obter informações sobre o Programa STARTUP RIO 2015 e enviamos para a

---

166 Art. 48. São instrumentos de transparência da gestão fiscal, aos quais será dada ampla divulgação, inclusive em meios eletrônicos de acesso público: os planos, orçamentos e leis de diretrizes orçamentárias; as prestações de contas e o respectivo parecer prévio; o Relatório Resumido da Execução Orçamentária e o Relatório de Gestão Fiscal; e as versões simplificadas desses documentos. II - liberação ao pleno conhecimento e acompanhamento da sociedade, em tempo real, de informações pormenorizadas sobre a execução orçamentária e financeira, em meios eletrônicos de acesso público; e (Redação dada pela Lei Complementar nº 156, de 2016).

advogada da FAPERJ, Dra. Marta Artigas, no dia 17 de outubro de 2017:

1. Os Termos de Outorga e Aceitação de Auxílio assinado pelo proponente têm cláusula prevendo que eventuais resultados econômicos e outros direitos decorrentes da concessão do auxílio serão compartilhados com a FAPERJ? Caso positivo, qual o percentual?

2. Caso exista tal cláusula, algum projeto gerou retorno econômico?

3. Algum projeto foi registrado no INPI?

4. Quem é o proprietário do ativo registrado no INPI?

5. Algum proponente atuou como consultor ou parecerista *ad hoc* da FAPERJ? / Qual setor analisa o Relatório Técnico?

6. O Programa atrasou o pagamento de alguma bolsa?

7. Quantos projetos foram desclassificados? Quais fases?

8. O proponente desclassificado devolveu o saldo remanescente?

9. Algum dos projetos se tornou uma Startup?

10. Qual o resultado do DEMODAY2016?

11. Existe um acompanhamento se esses projetos/Startup estão ativos?

12. A prestação de contas obedece as normas legais?

13. Existe publicidade dos dados referente ao Programa StartupRIO?

No dia 13 de dezembro de 2017, o Sr. Marcos Alberto Neme Ferreira, Assessor da Diretoria de Tecnologia da FAPERJ, respondeu assim o questionário:

1. Os Termos de Outorga e Aceitação de Auxílio assinado pelo proponente têm cláusula prevendo que eventuais resultados econômicos e outros direitos decorrentes da concessão do auxílio serão compartilhados com a FAPERJ? Caso positivo, qual o percentual? (sic)

As informações solicitadas constam nos editais citados e estão disponíveis no endereço eletrônico da FAPERJ.

2. Caso exista tal cláusula, algum projeto gerou retorno econômico?

Não se aplica nestes Editais.

3. Algum projeto foi registrado no INPI?

Os projetos ainda estão em andamento.

4. Quem é o proprietário do ativo registrado no INPI?

O proprietário será o autor do registro.

5. Algum proponente atuou como consultor ou parecerista ad hoc da FAPERJ?

Frisa-se, preliminarmente, que a FAPERJ pauta sua atuação nos editais e projetos estritamente dentro dos ditames legais, não prescindindo, ainda, da oitiva prévia do setor jurídico da

Fundação. De qualquer forma, a pergunta não indica um lapso temporal definido, o que inviabiliza, em um primeiro momento, uma resposta segura. Ressaltamos, entretanto, que todos os dados são públicos e estão disponíveis nos arquivos físicos e eletrônicos da FAPERJ, caso Vossa Senhoria pretenda efetuar a busca diretamente.

6. Qual setor analisa o Relatório Técnico?

A Diretoria de Tecnologia da FAPERJ e sua Assessoria..

7. O Programa atrasou o pagamento de alguma bolsa?

A crise econômica e financeira que atinge o estado do Rio de Janeiro é pública e notória. Atrasos, não apenas em bolsas, como também em vencimentos de servidores tem sido amplamente noticiados na mídia.

8. Quantos projetos foram desclassificados? Quais fases?

Não houve finalização dos procedimentos.

9. O proponente desclassificado devolveu o saldo remanescente?

Não houve finalização dos procedimentos.

10. Algum dos projetos se tornou uma Startup?

Não houve finalização dos procedimentos.

11. Qual o resultado do DEMODAY 2016?

Não houve finalização dos procedimentos.

12. Existe um acompanhamento se esses projetos/ Startup estão ativos?

Sim, durante sua execução.

13. O resultado de algum projeto de tornou algum estudo de caso (artigo científico)?

Não houve finalização dos procedimentos.

Considerando que as respostas não resolveram o problema de falta de informação, enviamos um novo questionário:

1. No EDITAL FAPERJ N.º 23/2016 não consta o Termo de Outorga e Aceitação de Auxílio, por isso, solicito o acesso a esses documentos.

2. Considerando que o DemoDay2016 (http://www.startuprio.rj.gov.br/demoday/demoday.html), questiono se algum projeto firmou algum tipo de parceria?

3. Caso algum projeto tenha firmado parceria, qual o tipo de contrato foi realizado?

4. O produto ou serviço oriundo dos projetos apresentados no DemoDay2016 (http://www.startuprio.rj.gov.br/demoday/demoday.html) foi registrado no INPI?

5. O resultado da análise é pública? Onde está disponível? Como acessá-lo?

6. O atraso no repasse ocasionou prejuízo para o STARTUP RIO? Qual tipo de prejuízo, por exemplo, atraso na entrega de material ou falta de recurso para o proponente adquirir algum produto?

7. Considerando que foram aprovados 43 para fase 1 (http://www.faperj.br/?id=3415.3.1 e http://www.faperj.br/?id=3414.3.6), e 27

para fase 2 (http://www.faperj.br/?id=3446.3.6), questiono se foi cumprida a cláusula 10.3 do Edital nº 23/2016?

8.   Nenhum dos 47 projetos expostos no DemoDay 2016 se transformou em Startup?

9.   Qual o critério utilizado para organizar o DemoDay 2016?

10.   Qual a forma de acompanhamento realizado na execução? Essas informações são públicas? Caso positivo, onde e como acessar o relatório elaborado nos termos do item 12.3. do Edital nº 23/2016?

11.   Mesmo não sendo finalizado nenhum procedimento (aqui entendido como projeto de proponente), teve a abertura de novo Edital. Qual o motivo? O que aconteceu aos projetos do Edital nº 10/2015?

Até o mês de janeiro de 2018, não houve resposta ao questionário.

Desse modo, a FAPERJ não cumpre o disposto no artigo 48 e 49, da Lei de Responsabilidade Fiscal – LRF –, isso porque, além de não disponibilizar nenhuma informação pública sobre o andamento do STARTUP RIO – 2015, referente ao Edital nº 10/2015, quando questionada se mantém inerte e não fornece os dados que são públicos:

Art. 48. São instrumentos de transparência da gestão fiscal, aos quais será dada ampla divulgação, inclusive em meios eletrônicos de acesso público: os planos, orçamentos e leis de diretrizes orçamentárias; as prestações de contas e o respectivo parecer prévio; o Relatório Resumido da Execução Orçamentária e o Relatório de Gestão Fiscal; e as versões simplificadas desses documentos.

Parágrafo único. A transparência será assegurada também mediante: (Redação dada pela Lei Complementar n° 131, de 2009).

(...)

II – liberação ao pleno conhecimento e acompanhamento da sociedade, em tempo real, de informações pormenorizadas sobre a execução orçamentária e financeira, em meios eletrônicos de acesso público; (Incluído pela Lei Complementar n° 131, de 2009).

(...)

Art. 48-A. Para os fins a que se refere o inciso II do parágrafo único do art. 48, os entes da Federação disponibilizarão a qualquer pessoa física ou jurídica o acesso a informações referentes a: (Incluído pela Lei Complementar n° 131, de 2009).

I – quanto à despesa: todos os atos praticados pelas unidades gestoras no decorrer da execução da despesa, no momento de sua realização, com a disponibilização mínima dos dados referentes ao número do correspondente processo, ao bem fornecido ou ao serviço prestado, à pessoa física ou jurídica beneficiária do pagamento e, quando for o caso, ao procedimento licitatório realizado; (Incluído pela Lei Complementar n° 131, de 2009).

II – quanto à receita: o lançamento e o recebimento de toda a receita das unidades gestoras, inclusive referente a recursos extraordinários. (Incluído pela Lei Complementar nº 131, de 2009).

Dessa maneira, frisa-se que no *site* do Programa STARTUP RIO 2015STARTUP RIO 2015 consta a informação que, no dia 19 de dezembro de 2016, no Museu do Amanhã, aconteceu um *DEMODAY*[167]. Nesse evento, estiveram todos 40 projetos aprovados para participarem do Programa STARTUP RIO 2015STARTUP RIO 2015.

Contudo, tanto no site da FAPERJ[168] quanto do Programa STARTUP RIO 2015[169] não consta nenhuma informação se algum projeto teve êxito na apresentação e conseguiu um investimento da iniciativa privada. Mais uma vez, há a contrariedade do artigo 49, da Lei de Responsabilidade Fiscal e a Lei nº 12.527, de 18 de novembro de 2011[170]:

---

167 No Demo Day, ou dia de demonstração, é oportunizado aos projetos mostrar seus produtos e buscar investimento privado.

168 Disponível em: <http://www.faperj.br/>. Acesso em 24 jan. 2018.

169 Disponível em: <http://www.startuprio.rj.gov.br/>. Acesso em 24 jan. 2018.

170 "Regula o acesso a informações previsto no inciso XXXIII do art. 5o, no inciso II do § 3o do art. 37 e no § 2o do art. 216 da Constituição Federal; altera a Lei no 8.112, de 11 de dezembro de 1990; revoga a Lei no 11.111, de 5 de maio de 2005, e dispositivos da Lei no 8.159, de 8 de janeiro de 1991; e dá outras providências.". Lei nº 12.527, de 18 de novembro de 2011. Disponível em: <https://goo.gl/26w9R4>. Acesso em 24 jan. 2018.

Nesse sentido, cabe trazer ao presente trabalho as informações contidas no Relatório de Auditoria Operacional – Avaliação de atividade finalística – Auxílio financeiro concedido pela FAPERJ[171], tendo como período da auditoria de setembro a dezembro de 2011.

O mencionado documento foi elaborado com o objetivo de:

(...) avaliar, por amostragem, o cumprimento das metas estabelecidas no Plano Plurianual – PPA e na Lei de Diretrizes Orçamentárias – LDO e a avaliação do desempenho dos programas e projetos de governo, no tocante aos seus objetivos, metas, indicadores e prioridades, além da alocação e uso dos recursos disponíveis para sua execução, atribuições estas previstas na Constituição Estadual, no Decreto n.º 43.463, de 14 de fevereiro de

---

171 Relatório Auxílio Financeiro Concedido pela FAPERJ. Auditoria Geral do Estado. Secretaria de Fazenda do Estado do Rio de Janeiro. Rio de Janeiro: 2011. Disponível em: <https://goo.gl/bq8jon>. Acesso em 24 jan. 2018.

2012, e na Resolução SEF n.º 45, de 29 de junho de 2007.

Após 4 meses de análise, os auditores recomendaram o seguinte:

> RECOMENDAÇÃO à FAPERJ:
> • implantar instrumentos voltados à publicidade de sua gestão de forma a harmonizarem-se cada vez mais com a transparência e a prestação de contas à sociedade, marcas da atual gestão, em consonância com a LRF

Ocorre que, até janeiro de 2018, a FAPERJ não implementou nenhuma ferramenta para solucionar o problema de falta de divulgação dos dados dos seus programas de fomento.

Destaca-se que a FINEP[172] divulga na *internet*: relatório de gestão, relatório e certificado de auditoria com parecer da CGU e pronunciamento do MCTI. Portanto, não é algo impossível de realizar a divulgação dos resultados dos programas fomentados..

Avançando na análise das respostas, ao pesquisar no Instituto Nacional de Propriedade Intelectual – INPI –, verificamos que o titular do projeto e/ou a FAPERJ registraram no INPI a marca e/ou o

---

172 Acesso à Informação. FINEP. Disponível em: <https://goo.gl/UoN9fc>. Acesso em 19 out. 2017.

programa de computador oriundo dos projetos.

De acordo com a legislação, agências de fomento como a FAPERJ podem participar com até 30% do capital de empresas privadas que desenvolvam projetos para a obtenção de produto ou inovação em C&T, como contrapartida ao fomento concedido, além de gerir o Fundo de Apoio ao Desenvolvimento Tecnológico – FATEC formado por recursos oriundos da iniciativa privada e contribuições que não venham dos cofres públicos.

A regulamentação da Lei já a tornou efetiva, uma vez que detalha seus mecanismos operacionais, então, esse detalhamento fornece os instrumentos necessários para atuação no sistema fluminense de inovação junto ao empresariado e aos empreendedores que estão nas universidades, institutos de pesquisa e demais órgãos e sociedade civil e o FATEC também foi regulamentado. É válido lembrar que o Estatuto da FAPERJ em seu artigo 5º, inciso III, estabelece o seguinte:

> Art. 5º - O Patrimônio da FAPERJ é constituído por:

(...) III – receitas decorrentes de lucros apurados na exploração de direitos sobre patentes e de outros direitos de propriedade, resultantes de pesquisas e ações desenvolvidas e realizadas com seu apoio;

Verifica-se, também, nos Termos de Outorga e Aceitação de Auxílio/Bolsa, a existência de cláusula que dispõe:

Fica estabelecido que resultando em evento patenteável ou não, o projeto objeto deste TERMO, os direitos daí decorrentes, assim como seus resultados econômicos serão compartilhados com a FAPERJ:

§ 1º - obriga-se o OUTORGADO a informar à FAPERJ sobre a possibilidade de resultado sustentável de seu projeto para que sejam tomadas providências cautelares necessárias à sua proteção.

§ 2º - o registro de eventual patente se fará sempre em nome da FAPERJ e do OUTORGADO, obrigatório, prioritariamente, no Brasil, cabendo a qualquer deles a iniciativa do requerimento, dando ciência à outra parte.

§ 3º - Ao OUTORGADO, só mediante a anuência da FAPERJ será permitida cessão parcial ou total, onerosa ou gratuita, dos direitos resultantes do projeto.

Também em pesquisa empírica na FAPERJ, verificou-se que nos contratos celebrados para fomento de pesquisa, a cláusula que prevê o pagamento do royalties não é exercida pela órgão estatal. Sob a justificativa, que o Estado não pretende se envolver no resultado da pesquisa.

O que foi produzido pelo pesquisador é dele e de mais ninguém. Observe-se que o financiamento foi público.Em virtude da análise de processos de concessão de auxílios financeiros, verificamos que no Edital nº 10/2015, do Programa STARTUP RIO 2015, continha nas disposições gerais de seus termos, a possibilidade de a FAPERJ compartilhar os resultados econômicos e outros direitos decorrentes da concessão do auxílio, independentemente da inovação ser ou não patenteável, cabendo à Fundação um percentual de 1,0%, durante 10 anos a partir da comercialização da inovação.

Então, objetivando constatar essa receita, consultamos o SIAFEM[173], posição novembro/2011, e constatamos que não havia registros de receitas auferidas em decorrência de direitos sobre patentes ou sobre produtos comercializados, resultantes de ações desenvolvidas e realizadas com o apoio da FAPERJ.

Tal fato nos motivou a questionar a FAPERJ, mediante o questionário citado anteriormente, com relação à exploração dos direitos de inovação patenteável ou não, como dispõem a Lei n.º 5.361, de 29 de dezembro de 2008, e a sua regulamentação, o Decreto nº 42.302, de 12 de fevereiro de 2010. No entanto, até o término deste trabalho a FAPERJ não nos respondeu.

Dessa forma, verifica-se que a FAPERJ possui instrumentos legais para se beneficiar das receitas provenientes dos lucros apurados na exploração de direitos sobre patentes ou tão somente sobre a comercialização da inovação. Todavia, como isto não vem acontecendo, a FAPERJ tem deixado de auferir

---

173 "É o Sistema Integrado de Gestão Orçamentária, Financeira e Contábil do Rio de Janeiro, que consiste no principal instrumento utilizado para registro, acompanhamento e controle da execução orçamentária, financeira e patrimonial do Governo do Estado do Rio de Janeiro." SIAFE – RIO. Disponível em: <https://goo.gl/iiugp5>. Acesso em: 22 jan. 2018.

recursos.

Desse modo, além da prestação de contas, a falta de controle sobre o produto final que será produzido pelo projeto aceito pela STARTUP RIO também merece a devida atenção.

CONCLUSÃO

É necessário, uma integração dos instrumentos de política de investimento e inovação no Estado do Rio de Janeiro, eis que conta com importante conjunto de instrumentos de apoio à inovação, no entanto, eles estão ainda desarticulados com a política de desenvolvimento da produção.

O Estado do Rio de Janeiro precisa inovar-se. Coordenação mais forte e um pouco de ousadia ajudam principalmente quando políticas de inovação tendem a ganhar relevância diante das perspectivas de mudança da base produtiva do Estado do Rio de Janeiro.

A preocupação do legislador ao promulgar a Lei da Inovação, que criou incentivos para estimular o empresário participar nos projetos promovidos pelas Agências de Fomento, conflita com a falta de transparência dos resultados do Programa STARTUP RIO 2015, promovido pela FAPERJ, visto que sem mensurar os resultados, nenhum empresário investirá seu dinheiro e, principalmente, o representante do Governo (em crise) não constata qual a necessidade de investir alguns milhões num programa que não traz retorno financeiro.

No mesmo, sentido o autor do Manual de Orientações Gerais sobre Inovação, publicado pelo Ministério das Relações Exteriores, e professor do Instituto Nacional de Telecomunicações (Inatel), Eduardo Grizendi, afirma que:

> "Normalmente, essas leis estaduais trazem ações para fortalecer o Sistema Estadual de Inovação, incluindo medidas aplicadas a parques e incubadoras tecnológicas no estado. Também preveem subvenção econômica e, em algumas delas, incentivos fiscais, para projetos de inovação de empresas no estado"[174]

---

174 Idem.

Ao contrário disso, especificamente no Estado do Rio de Janeiro, considerando os programas subsidiados pela FAPERJ, não impacta no desenvolvimento econômico[175], de forma satisfatória ou de forma palpável, porque, em tese, a subvenção econômica deveria retornar via tributação, tanto por meio de impostos pagos pelas empresas que se beneficiaram, como também por meio do aumento de renda (e, portanto, de tributos) da população. No entanto, a subvenção econômica fornecida pela FAPERJ, através do Programa STARTUP RIO 2015, em inovação tecnológica não beneficiou a todos que participaram de alguma maneira do processo.

Vale ressaltar que um dos objetivos previstos na Lei de Inovação é promover a aproximação entre as empresas privadas e as universidades e instituições públicas de pesquisa.

---

175 Aqui utilizaremos como base o Estado do Rio de Janeiro, e os recursos disponibilizados pela FAPERJ.

No entanto, a falta de clareza e agilidade dos órgãos estatais, não gerou uma alteração tão inovadora no mercado como pretendeu o legislador. Como o bom exemplo do pato – que nada, voa e anda mal – o PROGRAMA STARTUP RIO 2015 não conseguiu melhorar o panorama inovador no Rio de Janeiro, porque como dito na Exposição de Motivos da Lei de Inovação:

> "É bem verdade que o texto legal, por si só, não terá o condão de transformar a realidade da produção científica e tecnológica nacional, mas é elemento relevante para a garantia do ambiente propício ao desenvolvimento de cultura de inovação e emancipação tecnológica do País."[176]

Mesmo tendo buscado informações na FAPERJ, constatou-se que não existe informação no *site* da FAPERJ quanto a prestação de contas fornecida pelos bolsistas contemplados com a subvenção econômica obtida por meio do Programa "STARTUP RIO 2015: APOIO À DIFUSÃO DE AMBIENTE DE INOVAÇÃO EM TECNOLOGIA DIGITAL NO ESTADO DO RIO DE JANEIRO".

---

176 Projeto da Lei da Inovação. Exposição de motivos. Disponível em: <https://goo.gl/jaz3Fm>. Acesso em 18 out. 2017.

Tal fato conflita com a recomendação da Auditoria Geral do Estado, contida no Relatório Operacional de 2011, que sugere que a FAPERJ:

> a) implante instrumentos voltados à publicidade de sua gestão de forma a harmonizarem-se cada vez mais com a transparência e a prestação de contas à sociedade em consonância com a LRF e;
> b) faça menção no Relatório de Gestão da FAPERJ sobre o desenvolvimento das atividades de gestão da FAPERJ no que concerne a sua atividade-fim, informando, com o fornecimento de dados, a evolução de suas atividades operacionais e financeiras, o desempenho de cada modalidade de auxílio e bolsa, dos programas e dos editais, alguns projetos apoiados, produção e participação de eventos, e outros.

Isso é justificado pela forte correlação negativa existente entre a subvenção econômica erroneamente destinada à pessoa física, falta de incentivo à Propriedade Intelectual e descontrole na Prestação de Contas da FAPERJ.

Dada a importância do STARTUP RIO, materializada na quantidade de recursos[177] dispendidos nas suas ações, há uma clara necessidade de se avaliar continuamente os instrumentos e atividades. Tal processo permitiria verificar quais têm sido efetivos para alavancar esforços e resultados de inovação no âmbito microeconômico e, consequentemente, no nível mais agregado da economia

5. BIBLIOGRAFIA

BRASIL. CONSTITUIÇÃO DA REPÚBLICA DOS ESTADOS UNIDOS DO BRASIL (DE 16 DE JULHO DE 1934). Disponível em: <https://goo.gl/HM8wbH>. Acesso em 02 ago. 2017.

______. CONSTITUIÇÃO DA REPÚBLICA DOS ESTADOS UNIDOS DO BRASIL (DE 24 DE FEVEREIRO DE 1891). Disponível em: <https://goo.gl/H7HnRW>. Acesso em 02 ago. 2017.

---

177 Como já informado foram investidos R$ 96.000,00 (noventa e seis mil reais) por projeto aceito e aprovado para participar no Programa STARTUP RIO 2015, totalizando o valor de R$ 5.664.000,00 (cinco milhões e seiscentos e sessenta e quatro mil reais), considerando o resultado final do Edital FAPERJ nº 10/2015 – "Start-Up Rio 2015".

______. CONSTITUIÇÃO DA REPÚBLICA FEDERATIVA DO BRASIL DE 1967. Disponível em: <https://goo.gl/XgmKDS>. Acesso em 04 ago. 2017.

______. CONSTITUIÇÃO DOS ESTADOS UNIDOS DO BRASIL (DE 10 DE NOVEMBRO DE 1937). Disponível em: <https://goo.gl/zaZJbn>. Acesso em 31 jul. 2017.

______. CONSTITUIÇÃO DOS ESTADOS UNIDOS DO BRASIL (DE 18 DE SETEMBRO DE 1946). Disponível em: <https://goo.gl/JAp4ry>. Acesso em 03 ago. 2017.

______. Constituição promulgada em 1967: Constituição que buscou legitimar o governo militar autoritário. Câmara dos Deputados Federais. Brasília. Disponível em:<https://goo.gl/FcvfMY>. Acesso em 04 ago. 2017.

______. Ato Institucional nº 5, de 13 de dezembro de 1968. Disponível em: <https://goo.gl/LxwxLd>. Acesso em 04 ago. 2017.

______. Câmara dos Deputados. Projeto de Lei nº 2.177/2011. Institui o Código Nacional de Ciência, Tecnologia e Inovação. Brasília: Câmara dos Deputados, 2011. Disponível em: <http://goo.gl/xyeJaA>. Acesso em 20/02/2017.

________. Decreto nº 24.609, de 6 de Julho de 1934. Cria Instituto Nacional de Estatística e fixa disposições orgânicas para a execução e desenvolvimento dos serviços estatísticos. Disponível em: <https://goo.gl/qSK98H>. Acesso em 31 jul. 2017.________. Decreto nº 5.563, de 11 de outubro de 2005. Regulamenta a Lei nº 10.973, de 2 de dezembro de 2004, que dispõe sobre incentivos à inovação e à pesquisa científica e tecnológica no ambiente produtivo, e dá outras providências. Diário Oficial da União, Brasília, 2005. Disponível em: <http://goo.gl/9ci03>. Acesso em 20/02/2017.

________. Decreto nº 75.572, de 8 de abril de 1975. Promulga a Convenção de Paris para a Proteção da Propriedade industrial revisão de Estocolmo, 1967. Disponível em: <https://goo.gl/DHDhTm>. Acesso em 04 fev. 2018.

BRASIL. Decreto nº 75.699, de 6 de maio de 1975. Promulga a Convenção de Berna para a Proteção das Obras Literárias e Artísticas, de 9 de setembro de 1886, revista em Paris, a 24 de julho de 1971. Disponível em: <https://goo.gl/WVVmcR>. Acesso em 04 fev. 2018.

________. Decreto-Lei nº 3.002, de 30 de janeiro de 1941. Disponível em: <https://goo.gl/ZyWj6e>. Acesso em 31 jul. 2017.

________. Decreto-Lei nº 4.048, de 22 de janeiro de 1942. Cria o Serviço Nacional de Aprendizagem dos Industriários (SENAI). Disponível em: <https://goo.gl/rSn5ig>. Acesso em: 31 jul. 2017.

________. Decreto-Lei, nº 4.352, de 1º de junho de 1942, Encampa as Companhias Brasileiras de Mineração e Siderurgia S.A. e Itabira de Mineração S.A. e dá outras providências. Disponível em: <https://goo.gl/44Pge4>. Acesso em 31 jul. 2017.

________. Lei Complementar nº 101/2000. Disponível em: <https://goo.gl/3G4TWa>. Acesso 24 jan. 2018.

________. Lei nº 12.772, de 28 de dezembro de 2012. Dispõe sobre a estruturação do Plano de Carreiras e Cargos de Magistério Federal; sobre a Carreira do Magistério Superior, de que trata a Lei nº 7.596, de 10 de abril de 1987; sobre o Plano de Carreira e Cargos de Magistério do Ensino Básico, Técnico e Tecnológico e sobre o Plano de Carreiras de Magistério do Ensino Básico Federal, de que trata a Lei nº 11.784, de 22 de setembro de 2008; sobre a contratação de professores substitutos, visitantes e estrangeiros, de que trata a Lei nº 8.745, de 9 de dezembro de 1993; sobre a remuneração das Carreiras e Planos Especiais do Instituto Nacional de Estudos e Pesquisas Educacionais Anísio Teixeira e do Fundo Nacional de Desenvolvimento da Educação, de que trata a Lei nº 11.357, de 19 de outubro de 2006; altera remuneração do Plano de Cargos Técnico-Administrativos em Educação; altera as Leis nos 8.745, de 9 de dezembro de 1993, 11.784, de 22 de setembro de 2008, 11.091, de 12 de janeiro de 2005, 11.892, de 29 de dezembro de 2008,

________. Lei nº 13.243, de 11 de janeiro de 2016. Dispõe sobre estímulos ao desenvolvimento científico, à pesquisa, à capacitação científica e tecnológica e à inovação e altera a Lei nº 10.973, de 2 de dezembro de 2004, a Lei nº 6.815, de 19 de agosto de 1980, a Lei nº 8.666, de 21 de junho de 1993, a Lei nº 12.462, de 4 de agosto de 2011, a Lei nº 8.745, de 9 de dezembro de 1993, a Lei nº 8.958, de 20 de dezembro de 1994, a Lei nº 8.010, de 29 de março de 1990, a Lei nº 8.032, de 12 de abril de 1990, e a Lei nº 12.772, de 28 de dezembro de 2012, nos termos da Emenda Constitucional nº 85, de 26 de fevereiro de 2015. Diário Oficial da União, Brasília, 2016a. Disponível em: <http://goo.gl/gjDTBT>. Acesso em 20/02/2017. ________. Lei nº 8.112, de 11 de dezembro de 1990. Dispõe sobre o regime jurídico dos servidores públicos civis da União, das autarquias e das fundações públicas federais. Diário Oficial da União, Brasília, 1990. Disponível em: <http://goo.gl/4IS0w>. Acesso em 20/02/2017.

________. Lei nº 8.958, de 20 de dezembro de 1994. Dispõe sobre as relações entre as instituições federais de ensino superior e de pesquisa científica e tecnológica e as fundações de apoio e dá outras providências. Diário Oficial da União, Brasília, 1994. Disponível em: <http://goo.gl/f1M6Dh>. Acesso em 20/02/2017.

________. Lei nº 1.628, de 20 de junho de 1952. Dispõe sôbre a restituição dos adicionais criados pelo art. 3º da Lei nº 1.474, de 26 de novembro de 1951, e fixa a respectiva bonificação; autoriza a emissão de obrigações da Dívida Pública Federal; cria o Banco Nacional do Desenvolvimento Econômico; abre crédito especial e dá outras providências. Disponível em: <https://goo.gl/bUHA9w>. Acesso em 05 ago. 2017.

________. Lei nº 10.973, de 2 de dezembro de 2004. Dispõe sobre incentivos à inovação e à pesquisa científica e tecnológica no ambiente produtivo e dá outras providências. Diário Oficial da União, Brasília, 2004. Disponível em: <http://goo.gl/h8WAw>. Acesso em 20/02/2017.

________. Lei nº 12.527, de 18 de novembro de 2011. Disponível em: <https://goo.gl/26w9R4>. Acesso em 24 jan. 2018.

________. Lei nº 4.595, de 31 de Dezembro de 1964. Dispõe sobre a Política e as Instituições Monetárias, Bancárias e Creditícias, Cria o Conselho Monetário Nacional e dá outras providências. Disponível em: <https://goo.gl/UBhrkA>. Acesso em 31 jul. 2017.

________. Lei nº 8.010, de 29 de março de 1990. Publicado no D.O.U. de 2.4.1990. Disponível em: <http://www.planalto.gov.br/ccivil_03/Leis/1989_1994/L8010.htm>. Acesso em 25 jun. 2017.________. Lei nº 8.666, de 21 de junho de 1993. Regulamenta o art. 37, inciso XXI, da Constituição Federal, institui normas para licitações e contratos da Administração Pública e dá outras providências. Diário Oficial da União, Brasília, 1993. Disponível em: <http://goo.gl/G0BiY>. Acesso em 20/02/2017.

________. Lei nº 9.279, de 14 de maio de 1996. Regula direitos e obrigações relativos à propriedade industrial. Disponível em: <https://goo.gl/nbzGfh>. Acesso em 25 jan. 2018.

________. Lei nº 9.609, de 19 de fevereiro de 1998. Dispõe sobre a proteção da propriedade intelectual de programa de computador, sua comercialização no País, e dá outras providências. Disponível em: <https://goo.gl/EkBgFy>. Acesso em 03 fev. 2018.

______. Lei nº11.357, de 19 de outubro de 2006, 11.344, de 8 de setembro de 2006, 12.702, de 7 de agosto de 2012, e 8.168, de 16 de janeiro de 1991; revoga o art. 4º da Lei nº 12.677, de 25 de junho de 2012; e dá outras providências. Diário Oficial da União, Brasília, 2012. Disponível em: <http://goo.gl/B9Xtx>. Acesso em 20/02/2017.

______. Ministério da Ciência, Tecnologia e Inovação. Portaria nº 251, de 12 de março de 2014. Brasília: MCTI, 2014. Disponível em: <http://goo.gl/SKHKdb>. Acesso em 20/02/2017.

______. Palácio do Planalto. Mensagem Presidencial nº 8, de 11 de janeiro de 2016. Brasília: Palácio do Planalto, 2016b. Disponível em: <http://goo.gl/bDLeXz>. Acesso em 20/02/2017.

______. Portaria Interministerial MP/MF/MCT no 127, de 29 de maio de 2008. Estabelece normas para execução do disposto no Decreto nº 6.170, de 25 de julho de 2007, que dispõe sobre as normas relativas às transferências de recursos da União mediante convênios e contratos de repasse, e dá outras providências. Brasília: MP; MF; MCT, 2008. Acesso em 20/02/2017.

______. Secretaria de Assuntos Estratégicos da

Presidência da República. Produtivismo includente: empreendedorismo vanguardista. Brasília: SAE/PR, 2015a. Acesso em 20/02/2017.

________. Senado Federal. Projeto de Lei da Câmara nº 77/2015. Brasília: Senado Federal, 2015b. Disponível em: <http://goo.gl/EnXv0w>. Acesso em 20/02/2017.

RIO DE JANEIRO. Lei Complementar nº 102. Dispõe sobre área de atuação da Fundação Carlos Chagas Filho de Amparo à Pesquisa do Estado do Rio de Janeiro – FAPERJ. Disponível em: <https://goo.gl/7g7sVk>. Acesso em 19 out. 2017.

A conjuntura de radicalização ideológica e o golpe militar – O golpe de 1964. CPDOC. FGV. Disponível em: <https://goo.gl/bRcvF4>. Acesso em 03 ago. 2017.

Acesso à Informação. FINEP. Disponível em: <https://goo.gl/UoN9fc>. Acesso em 19 out. 2017.

ACESSO A INTERNET E POSSE DE TELEFONE MÓVEL CELULAR PARA USO PESSOAL. Disponível em: <http://biblioteca.ibge.gov.br/visualizacao/livros/liv63999.pdf>. Acesso em 20/02/2017.

Agreement on Trade-Related Aspects of Intellectual Property Rights. WTO. Disponível em: <https://goo.gl/1gJhdu>. Acesso em 03 fev. 2018.

ALMEIDA, Paulo Roberto de. **Propriedade intelectual: os novos desafios para a América Latina**. Disponível em: <http://www.scielo.br/scielo.php?script=sci_arttext&pid=S0103-40141991000200012>. Acesso em 20/02/2017.

ANPROTEC – ASSOCIAÇÃO NACIONAL DE ENTIDADES PROMOTORAS DE EMPREENDIMENTOS INOVADORES. Posicionamento Anprotec sobre Código de CT&I. Brasília: Anprotec, 2016. Disponível em: <http://goo.gl/IoxBmu>. Acesso em 20/02/2017.

Anuário Estatístico de Propriedade Industrial: 2000-2012. INPI. Disponível em: <https://goo.gl/GGEsvH>. Acesso em 03 fev. 2018.ARGENTIN, Thiago da Silva. **Economia Brasileira de 1930 a 1973: A Construção do Milagre Econômico no Brasil**. Disponível em: <https://goo.gl/iP3UCQ>. Acesso em 04 ago. 2017.

ARVIN-RAD, Hassan et al. **Industrialização e Desenvolvimento no Governo Vargas: Uma Análise Empírica de Mudanças Estruturais**. Estudos Econômicos (São Paulo), São Paulo, v. 27, n. 1, p. 127-166, june 2016. ISSN 1980-5357. Disponível em: <http://www.revistas.usp.br/ee/article/view/116885>. Acesso em 31 jul. 2017.

ASSUNÇÃO. Matheus. **PAEG: O Programa de Ação Econômica do Governo e a Economia Brasileira nos anos 1960**. Disponível em: <https://goo.gl/Sw7QvX>. Acesso em 04 ago. 2017.

usteridade para quem? Balança e perspectivas do Governo Dilma Rousseff. Disponível em: <https://goo.gl/YhKWTE>. Acesso em 04 ago. 2017.

Eraldo Leme Batista. Madison,James / Hamilton,Alexander / Jay,John Russell. O Federalista.

Auxílio ao Desenvolvimento e à Inovação Tecnológica – ADT 1. Disponível em: <https://goo.gl/FxxJwj>. Acesso 24 jan. 2018.

BAEZ, Narciso Leandro Xavier. Crescimento econômico, globalização e direitos humanos. In: POMPEU, Gina (coord.). Direito constitucional nas relações econômicas: entre o crescimento econômico e o desenvolvimento humano. Rio de Janeiro: Lumen Juris, 2014.

Banco Mundial (World Bank) | Indicadores Banco Mundial. Indicadores Banco Mundial. Disponível em: <https://goo.gl/a7qMGe>. Acesso em 01 fev. 2018.

BARBOSA, Denis Borges. Tratado da propriedade intelectual. A proteção do software. Do sigilo dos testes para registro de comercialização. Topografia de circuitos integrados. Rio de Janeiro: Lumen Juris. 2010. pág. 1831.

__________, "Direito ao desenvolvimento, inovação e a apropriação das tecnologias após a Emenda Constitucional no. 85", 2015, pág. 30. Disponível em: <https://goo.gl/pzPbf2>. Acesso em 18 out. 2017.

__________, TRIPS e a Experiência Brasileira. Disponível em: <https://goo.gl/6Uopor>. Acesso em 25 jan. 2018.__________. Uma introdução à Propriedade Intelectual. Rio de Janeiro: Lumen Juris, 2003. Disponível em: <https://goo.gl/ckKSd7>. Acesso em 03 fev. 2018. p. 2017.

__________, O Direito Constitucional da Inovação. 2006. Disponível em: < http://denisbarbosa.addr.com/inovaconst.pdf >. Acesso em: 24 abr. 2019.

__________, (Org.). Direito da Inovação: comentários à Lei Federal de Inovação, Incentivos Fiscais à Inovação, Legislação estadual e local, Poder de Compra do estado (modificações à Lei de Licitações). 2. ed. rev. e aum. Rio de Janeiro: Lumen Juris, 2011.

BARRETO, Pedro Henrique. Quarenta e quatro países, inclusive o Brasil, participaram da reunião em New Hampshire (EUA): o mundo vivia a ressaca da crise de 1929, seguida da Segunda Guerra Mundial. História – Bretton Woods. Revista Desafios do desenvolvimento. Brasília: IPEA, 2009. Ano 6 . Edição 50. Disponível em: <https://goo.gl/BuQ5aq>. Acesso em 03 fev. 2018.

BASTIAN, Eduardo F.. O PAEG e o plano trienal: uma análise comparativa de suas políticas de estabilização de curto prazo. Estud. Econ., São Paulo, v. 43, n. 1, p. 139-166, Mar. 2013. Disponível em: <https://goo.gl/LR8CpU>. Acesso em 04 ago. 2017. http://dx.doi.org/10.1590/S0101-41612013000100006.

BASTOS, Pedro Paulo Zahluth. **A Era Vargas – Desenvolvimentismo, Economia e Sociedade**. Unesp. São Paulo: 2012.

BASTIAT, Frédéric Bastiat. *A Lei*. São Paulo. Instituto Ludwig von Mises Brasil, 2010.

BATISTA, Eraldo Leme. O Instituto de Organização Racional do Trabalho - IDORT, como instituição educacional nas décadas de 1930 e 1940 no Brasil. Revista HISTEDBR On-line, [S.l.], v. 15, n. 63, p. 33-44, out. 2015. ISSN 1676-2584. Disponível em: <https://goo.gl/fHb1ob>. Acesso em: 31 jul. 2017. DOI: https://goo.gl/9CcVd2.

BESSANT, John. TIDD, Joe. **Inovação e Empreendedorismo**. São Paulo. Bookman, 2009. página 20.

BOLZANI. Vanderlan da Silva. **CNPq, FINEP, AEB, CNEN: um novo cenário e a previsão de Rutherford, Nobel de Química em 190**8. Disponível em: <https://goo.gl/qSFAUW>. Acesso em 30 jan. 2018.

BUAINAIN, Antônio Márcio, SOUZA, Roney Fraga. **Propriedade Intelectual, Inovação e Desenvolvimento: desafios para o Brasil**. Rio de Janeiro: ABPI; 2018.

Cadernos do Desenvolvimento. – Ano 1, n.1 (2006) Rio de Janeiro: Centro Internacional Celso Furtado de Políticas para o Desenvolvimento, 2006.

CANALLI, Waldemar Menezes; SILVA, Rildo Pereira da. **Uma breve história das patentes: analogias entre ciência/tecnologia e trabalho intelectual/trabalho operacional**. História Das Ciências e das Técnicas e Epistemologia – HCTE. UFRJ. Rio de Janeiro. Disponível em: <https://goo.gl/nD7kHj>. Acesso em 04 fev. 2018.

CANOTILHO, José Joaquim Gomes. **Direito constitucional e teoria da Constituição**. 7. ed. Coimbra: Almedina, 2003.

CGEE – CENTRO DE GESTÃO E ESTUDOS ESTRATÉGICOS. Modelos institucionais das organizações de pesquisa. Brasília: CGEE, 2010. v. 3. (Série Documentos Técnicos).

CGU – CONTROLADORIA-GERAL DA UNIÃO. Coletânea de entendimentos, gestão de recursos das instituições federais de ensino superior e dos institutos que compõem a Rede Federal de Educação Profissional, Científica e Tecnológica: perguntas e respostas. Brasília: CGU, 2013.

CHOUKR, Fauzi Hassan (coord.). **Cooperação jurídica internacional**. Belo Horizonte: Fórum, 2014.

Correio do Povo. Disponível em: <https://goo.gl/QVHsgs>. Acesso em 31 jul. 2017.

Costa: inovação é "chave" para Portugal resolver "bloqueios estruturais". DN Portugal. Disponível em: <https://goo.gl/KgxsZW>. Acesso em 19 jan. 2018.

D'ARAÚJO, Maria Celina; SOARES, Glaucio Ary Dillon; CASTRO, Celso. **Os anos de chumbo: a memória militar sobre a repressão**. Rio de Janeiro: Relume-Dumaré, 1994.

DALLARI, Dalmo de Abreu. **Elementos de teoria geral do estado**. 25. ed. São Paulo: Saraiva, 2016.

Dicionário de OXFORD. Disponível em: <https://en.oxforddictionaries.com/definition/innovate>. Acesso em 25 set. 2017.

DINIZ, Francisco. Crescimento e desenvolvimento econômico: modelos e agentes do processo. Lisboa: Silabo, 2010.

Disponível em: <http://www.pintec.ibge.gov.br/>. Acesso em 12 jun. 2017.

Disponível em: <https://goo.gl/5n7kaF>. Acesso em 25 jan. 2018.

Documentário "Discurso de Marcio Emmanuel Moreira Alves – 1968". Disponível em: <https://goo.gl/4nnmH8>. Acesso em 04 ago. 2017.

Dramatização do discurso do Dep. Mario Covas no dia 12.12.1968, às vésperas do AI-5. Disponível em: <https://goo.gl/Py9uP1>. Acesso em 04 ago. 2017.

Edital FAPERJ nº 10/2015. Programa "STARTUP RIO 2015: APOIO À DIFUSÃO DE AMBIENTE DE INOVAÇÃO EM TECNOLOGIA DIGITAL NO ESTADO DO RIO DE JANEIRO". Disponível em: <https://goo.gl/fV57tA>. Acesso em 03 fev. 2018.

EMI 28 – MCT/MDIC/MF/Casa Civil. Disponível em: <https://goo.gl/Pk4q6f>. Acesso em 01 fev. 2018.

Entrevista concedida pelo pesquisador John Cacioppo à repórter Laura Entis. A solidão crônica é uma epidemia de dia moderno. Revista Fortune. Disponível em: <https://goo.gl/Lp6meY>. Acesso em 08 set. 2017.

Entrevista disponível em: <http://www.senado.gov.br/noticias/Jornal/emdiscussao /inovacao/leis-federais-estaduais-incentivo-ciencia-tecnologia-e-inovacao-no-brasil.aspx>. Acesso em 12 jun. 2017.

Estatísticas do Século XX. IBGE. 2016. Disponível em: <https://goo.gl/bmKxQ8>. Acesso em 04 ago. 2017.

FERREIRA, Pedro. **Desenvolvimento econômico: uma perspectiva brasileira**. Rio de Janeiro: Elsevier, 2013.

FIGUEIREDO, Paulo Cesar Negreiros de. **O "Triângulo de Sabáto" e as alternativas brasileiras de inovação tecnológica**. FGV. Disponível em: <https://goo.gl/V1qhKX>. Acesso em 25 out. 2017.

filme "O longo Amanhecer – uma cinebiografia de celso furtado"

FILOMENO, José Geraldo Brito. **Teoria Geral do Estado e da Constituição**. 10. ed. Rio de Janeiro: Forense, 2016.

FORJAZ, Maria Cecília Spina. **Industrialização, estado e sociedade no Brasil (1930-1945)**. Rev. adm. empres., São Paulo , v. 24, n. 3, p. 35-46, Sept. 1984 . Available from <http://www.scielo.br/scielo.php?script=sci_arttext&pid=S0034-75901984000300006&lng=en&nrm=iso>. access on 24 June 2017. http://dx.doi.org/10.1590/S0034-75901984000300006.

Free Foundation. **O que é software livre?** Disponível em: <https://goo.gl/QbjAUN>. Acesso em 04 fev. 2018.

FREIRE, Maria Paula dos Reis Vaz. **Eficiência econômica e restrições verticais: os argumentos de eficiência e as normas de defesa da concorrência**. Lisboa: AAFDL, 2008.

GRAU, Eros. **A Ordem Econômica na Constituição de 1988 (Interpretação e crítica)**.18ª Ed. Atual. São Paulo: Malheiros, 2017.

História do BC. Banco Central do Brasil. Disponível em: <https://goo.gl/L7PGqN>. Acesso em 31 jul. 2017.

História do BC. Disponível em: <https://goo.gl/hZjTps>. Acesso em 31 jul. 2017.

IBGE lança Estatísticas do século XX. IBGE. Disponível em: <https://goo.gl/iP3UCQ>. Acesso em 04 ago. 2017.

Institucional. FAPERJ. Disponível em: <https://goo.gl/WQhXDb>. Acesso 16 out. 2017.

JONASH, Ronald; SOMMERLATTE, Tom. **O valor da Inovação**. São Paulo: Campus, 2001

Jornal O Globo. Disponível em: <https://goo.gl/fAPXx5>. Acesso em 02 ago. 2017.

KRUGLIANSKAS, Isak; PEREIRA, José Matias. **Um enfoque sobre a Lei de Inovação Tecnológica do Brasil**. R AP Rio de Janeiro 39(5):1011-29, Set./Out. 2005. Disponível em: <https://goo.gl/47crb3>. Acesso em 01 fev. 2018.

LASSALLE, Ferdinand. **A essência da constituição**. 9. ed. Rio de Janeiro: Freitas Bastos, 2015.

Leis Federais e estaduais para incentivo de ciência, tecnologia e inovação no Brasil. Em discussão. Revista de audiência pública do Senado Federal. Distrito Federal, Ano 3, n. 12, set. 2012. Disponível em: <https://goo.gl/fRhxyq>. Acesso em 12 jun. 2017.

LINS, Bernardo Felipe Estellita. Et al. **O mercado de software no Brasil: problemas institucionais e fiscais** / Relator: Marcondes Gadelha. Brasília: Câmara dos Deputados, Coordenação de Publicações, 2007. 149 p. – (Série cadernos de altos estudos; n. 3)

LISBOA, Roberto Senise; MEYER-PFLUG, Samantha Ribeiro. **Cooperação internacional: do solidarismo novecentista à sociedade internacional desenvolvimentista**. In: PAGLIARINI, Alexandre Coutinho; CHOUKR, Fauzi Hassan (coord.). Cooperação jurídica internacional. Belo Horizonte: Fórum, 2014.

Mapa do analfabetismo no Brasil. IBGE, Censo Demográfico – Tabela 2 – Analfabetismo na faixa de 15 ou mais – Brasil – 1900/2000. p. 6. Disponível em: <https://goo.gl/ris1yj>. Acesso em 03 ago. 2017.

MATIAS, Eduardo Felipe P. A humanidade e suas fronteiras: do Estado soberano à sociedade global. 4. ed. São Paulo: Paz e Terra, 2014.

MAZZUCATO, Mariana. **O estado empreendedor: Desmascarando o mito do setor público x setor privado**. São Paulo: Portfolio-Penguin, 2014.

MELLO, Celso Antônio Bandeira. **Curso de Direito Administrativo**. 32ª Ed. 2015. Malheiros: São Paulo. Pág. 962.

Milagre Econômico Brasileiro. CPDOC. FGV. Disponível em: <https://goo.gl/vVAZpU>. Acesso em 04 ago. 2017.

Nossa história. BNDES. Disponível em: <https://goo.gl/tqpc2P>. Acesso em 05 ago. 2017.

Nota Conjuntural. SEBRAE. Disponível em: <https://goo.gl/HgMSqE>. Acesso em 12 jun. 2017.

O Brasil que Vargas deixou. Vargas e as bases do desenvolvimento. Centro de Pesquisa e Documentação de História Contemporânea do Brasil (CPDOC). Disponível em: <https://goo.gl/sF5ZcL>. Acesso em 31 jul. 2017.

O Manual de Oslo, elaborado pela Organização para a Cooperação e Desenvolvimento Econômico – OCDE, estabelece as diretrizes para coleta e interpretação de dados sobre inovação. Disponível em: <http://www.finep.gov.br/images/apoio-e-financiamento/manualoslo.pdf>. Acesso em 25 set. 2017. linha 146. página 55.

O Plano Trienal de Desenvolvimento Econômico e Social. CPDOC. FGV. Disponível em: <https://goo.gl/YWEjTs>. Acesso em: 03 ago. 2017.

PALUMA, Thiago. **Propriedade intelectual e direito ao desenvolvimento**. São Paulo: Editora Pillares, 2017.

Período da História do Brasil conhecido como os anos de chumbo. Câmara dos Deputados. Disponível em: <https://goo.gl/ibmCqP>. Acesso em 04 ago. 2017.

PIMENTEL, Luiz Otávio. Direito Industrial. **As funções do Direito de Patentes**. Porto Alegre: Síntese, 1999.

PINHEIRO, Maria Cláudia Bucchianeri, p. 104. Revista de informação legislativa: v. 43, n. 169 (jan./mar. 2006).

PIOVESAN, Flávia. **Direitos humanos e o direito constitucional internacional**. 13. ed. São Paulo: Saraiva, 2012.Planilha com as maiores economia do mundo: PIB a preços correntes, em bilhões de US$, 2012-2022. Elaborada pelo Instituto de Pesquisa de Relações Internacionais – Fundação Alexandre de Gusmão – FUNAG. Disponível em <https://view.officeapps.live.com/op/view.aspx?src=http://www.funag.gov.br/ipri/images/analise-e-informacao/FMI_PIB_13jun2017.xls>. Acesso em 23 jun 2017.

Plano de Ação em Ciência, Tecnologia e Inovação Principais Resultados e Avanços 2007 – 2010. Ministério da Ciência e Tecnologia.

POSSAS, Silvia. **Concorrência e inovação**. In: ELAEZ, Victor; SZMRECSÁNYI, Tamás (Org.). Economia da inovação tecnológica. São Paulo: HUCITEC; Ordem dos Economistas do Brasil, 2006.

Presidentes do Brasil. Disponível em: <https://goo.gl/oV5QFx>. Acesso em 31 jul. 2017.

Programa de ação econômica do Governo (PAEG). CPDOC. FGV. Disponível em: <https://goo.gl/CB43tH>. Acesso em 04 ago. 2017.

Programa de metas. CPDOC. FGV. Disponível em: <https://goo.gl/V5dxdF>. Acesso em: 03 ago. 2017.

Projeto da Lei da Inovação. Exposição de motivos. Disponível em: <https://goo.gl/jaz3Fm>. Acesso em 18 out. 2017.

RAGO, Luzia Margareth; MOREIRA, Eduardo F. P.. O Que é Taylorismo. Editora Brasiliense: Brasília, 1986.

Ranking 2016. INPI. Disponível em: <https://goo.gl/HRMsrJ>. Acesso em 19 out. 2017.

RAUEN, C. **O elemento "tradução" e o êxito na incubação de projetos tecnológicos: o caso da incubadora do Inmetro**. Revista Gestão & Conexões, v. 3, n. 2, p. 25-46, jul./dez. 2014.

Relatório "2018 CTA International Innovation Scorecard". Consumer Techonology Association. Disponível em: <https://goo.gl/mQpCZP>. Acesso em 06 fev. 2018.

Relatório Auxílio Financeiro Concedido pela FAPERJ. Auditoria Geral do Estado. Secretaria de Fazenda do Estado do Rio de Janeiro. Rio de Janeiro: 2011. Disponível em: <https://goo.gl/bq8jon>. Acesso em 24 jan. 2018.

RELATÓRIO DIGITAL, SOCIAL E MOBILE DE 2015. A agência de marketing social We Are Social. Diposnível em: <http://wearesocial.com/uk/special-reports/digital-social-mobile-worldwide-2015>. Acesso em 20/02/2017.

Relatório PINTEC 2004. página 9. Disponível em :<https://biblioteca.ibge.gov.br/visualizacao/livros/liv990 07.pdf>. Acesso em 25 set. 2017.

RODRIGUEZ, José Rodrigo. **O novo Direito e desenvolvimento: presente, passado e futuro – textos selecionados de David M. Trubek**. São Paulo: Saraiva. 2008.

Sábato, J. A. & Botana, N. **La ciência y la tecnología en el desarrollo futuro de America Latina**. In:Sábato, J. A. (comp.). El pensamiellto latinooamericano en la problemática ciencia-tecnología-desarrollo. Buenos Aires, Editorial Paidos, 1975.

SARMENTO, Alexandre Dellamura. **Etapas do desenvolvimento econômico no Brasil - um exercício rostowiano**. 2008. Dissertação (Mestrado em História Econômica) - Faculdade de Filosofia, Letras e Ciências Humanas, Universidade de São Paulo, São Paulo, 2009. doi:10.11606/D.8.2009.tde-09092009-161439. Acesso em: 2017-06-23.

SAVIANI FILHO, Hermógenes. **A Era Vargas: desenvolvimentismo, economia e sociedade**. Econ. soc., Campinas , v. 22, n. 3, p. 855-860, Dec. 2013 . Available from <http://www.scielo.br/scielo.php?script=sci_arttext&pid=S0104-06182013000300010&lng=en&nrm=iso>. access on 24 June 2017. http://dx.doi.org/10.1590/S0104-06182013000300010

SAVIANI, Dermeval. **O legado educacional do regime militar**. Cad. CEDES, Campinas, v. 28, n. 76, p. 291-312, Dec. 2008. Disponível em: <https://goo.gl/R6YgNW>. Acesso em 04 ago. 2017. http://dx.doi.org/10.1590/S0101-32622008000300002.SCALCON, Raquel Lima. **Avaliação de impacto legislativo: A prática europeia e suas lições para o Brasil**. RIL Brasília a. 54 n. 214 abr./jun. 2017 p. 113-130. Disponível em: <https://goo.gl/6ff4Rt>. Acesso em 10 out. 2017.

SCHMITT, Carl. **Teologia política**. Trad. Elisete Antoniuk. Belo Horizonte: Del Rey, 2006, p. 10.

SCHUMPETER, J. (1982). **A Teoria do Desenvolvimento Econômico: uma investigação sobre lucros, capital, crédito, juro e o ciclo Econômico**. Ed. Abril S.A. Cultural e Industrial: São Paulo.

SEMINÁRIO DO PARQUE TECNOLÓGICO DA UFRJ. 2017. Rio de Janeiro. Disponível em: <https://goo.gl/fUecfn>. Acesso em 03 fev. 2018

SIAFE – RIO. Disponível em: <https://goo.gl/iiugp5>. Acesso em: 22 jan. 2018.

SILVA, G., DACORSO, A.. **Da Ideia à Inovação: O Caminho Percorrido Por um Inventor**. Revista ReGePe, Local de publicação (editar no plugin de tradução o arquivo da citação ABNT), 6, abr. 2017. Disponível em: <http://www.regepe.org.br/index.php/regepe/article/view/387>. Acesso em: 23 Jun. 2017.

SIMANTOB, Moysés.; LIPPI, Roberta. **Guia Valor Econômico de Inovação nas Empresas: Desmistificando a inovação inovar para competir**. São Paulo: Editora Globo, 2003.

SIMÕES, Kátia. **As cidades mais inovadoras do Brasil**. Revista Pequenas Empresas & Grandes Negócios. Disponível em: <http://revistapegn.globo.com/Revista/Common/0,,EMI176147-17171,00-AS+CIDADES+MAIS+INOVADORAS+DO+BRASIL.html>. Acesso em 24 abr. 2019.

SHERWOOD, Robert M.. **Propriedade Intelectual e Desenvolvimento Econômico**. São Paulo: Edusp, 1992.

SOARES, Fabiana de Menezes. **Teoria da Legislação: Formação e conhecimento da Lei na idade tecnológica**. 1 ed. Porto Alegre: Sergio Antonio Fabris Editor. 2004.

SOUZA, Nali de Jesus. **Desenvolvimento econômico**. 3. ed. São Paulo: Atlas. 1997

STALLMAN, Richard. **Por que o código aberto não compartilha dos objetivos do software livre**. Free Software Foundation. Disponível em: <https://goo.gl/ijdxHX>. Acesso em 06 fev. 2018.

Startup Rio. Disponível em: <http://www.startuprio.rj.gov.br/>. Acesso 16 out. 2017.

STUCHI, Carolina Gabas. **Fundamentos para uma teoria realista do Estado: Análise da soberania no Brasil**. 1 ed. Porto Alegre: Sergio Antonio Fabris Editor. 2015.

Subvenção Econômica. FINEP. Disponível em: <http://www.finep.gov.br/apoio-e-financiamento-externa/instrumentos-de-apoio/subvencao-economica>. Acesso em 02 abr. 2019.

THÉRY, Hervé; MELLO, Neli Aparecida de. **Atlas do Brasil. Disparidades e dinâmicas do território**. São Paulo: Edusp, 2005. p. 41.

TIGRE, Paulo Bastos. **O Brasil na economia do**

conhecimento: aspectos estruturais da competitividade em software e serviços**. Página 23-.25 in LINS, Bernardo Felipe Estellita. Et al. O mercado de software no Brasil: problemas institucionais e fiscais / Relator: Marcondes Gadelha. Brasília: Câmara dos Deputados, Coordenação de Publicações, 2007. 149 p. – (Série cadernos de altos estudos; n. 3).

VELOSO, Fernando Augusto; VILLELA, André; GIAMBIAGI, Fabio. **Determinantes do "Milagre" Econômico Brasileiro (1968/1973): Uma Análise Empírica**. Revista Brasileira de Economia, Rio de Janeiro, v. 62, n. 2, p. 221-245, out. 2008. ISSN 0034-7140. Disponível em: <https://goo.gl/AdXViW>. Acesso em: 04 Ago. 2017.

Voto do Ministro do STF, Eros Grau, no julgamento da ADPF 46 no Tribunal Pleno, no dia 15/06/2005, p. 92.

WACHOWICZ, Marcos. **Propriedade intelectual do software & revolução da tecnologia da informação**. Curitiba: Juruá Editora, 2004. pág. 71.

World Bank Data. Disponível em: <https://goo.gl/yKQkrt>.Acesso em 25 set. 2017.

XAVIER, Laecio Noronha. **A política de campeões nacionais e os empréstimos internacionais do bndes: extrativismo econômico, retorno ao**

nacional-desenvolvimentismo e crimes de responsabilidade fiscal. 178-207. Direito administrativo e gestão pública II [Recurso eletrônico on-line] organização CONPEDI/UFMG/ FUMEC/Dom Helder Câmara; Coordenadores: FREIDRICH, Denise Bittencourt; CORRALO, Giovani da Silva; LEAL, Rogério Gesta. Florianópolis: CONPEDI, 2015. Disponível em: <https://goo.gl/H8wrcd>. Acesso em 03 fev. 2018. pág. 189.

Relatório PIB dos pequenos negócios no Brasil. SEBRAE. 2014 Disponível em: <http://agenciasebrae.com.br/sites/asn/uf/NA/micro-e-pequenas-empresas-geram-27-do-pib-do-brasil,87fbbea3d9e57410VgnVCM2000003c74010aRCRD#prettyPhoto >. Acesso em 24 abr. 2019.

ANEXO A – EDITAL FAPERJ Nº 10/2015

EDITAL FAPERJ N.º 10/2015 – "STARTUP RIO 2015"
EDITAL FAPERJ N.º 10/2015
Programa
"STARTUP RIO 2015: APOIO À DIFUSÃO DE
AMBIENTE DE INOVAÇÃO
EM TECNOLOGIA DIGITAL NO ESTADO DO RIO DE
JANEIRO"

O Governo do Estado do Rio de Janeiro, a Secretaria de Estado de Ciência, Tecnologia e Inovação – SECTI e a Fundação Carlos Chagas Filho de Amparo à Pesquisa do Estado do Rio de Janeiro – FAPERJ fazem saber, por via do presente Edital, que estão abertas as inscrições para a seleção de projetos ligados a ideias inovadoras na área de tecnologia digital, no âmbito do Programa "STARTUP RIO 2015: Apoio à Difusão de Ambiente de Inovação em Tecnologia Digital no Estado do Rio de Janeiro", conforme segue:

1.Objetivos
1.1 Ajudar o desenvolvimento e a qualidade do ecossistema de empreendedorismo digital no Estado do Rio de Janeiro, criando uma massa de novas ideias que podem ser validadas e apropriadas pelo mercado.
1.2 Incentivar, estimular, apoiar e promover iniciativas que versem sobre a temática da Difusão do Ambiente de Inovação em Tecnologia Digital, visando promover uma cultura de inovação tecnológica, criatividade e empreendedorismo no Estado do Rio de Janeiro.
1.3 Este Programa está fundamentado no incentivo a projetos que podem vir a se tornar empresas nascentes de base tecnológica, normalmente denominadas como

STARTUPS , visando transformar o Estado do Rio de Janeiro num ambiente propício e atrativo para o desenvolvimento de todo o ecossistema relacionado ao empreendedorismo digital.

2.Elegibilidade e restrições

2.1 São elegíveis como proponentes os Inventores Independentes, doravante denominados "PROPONENTES", pessoas naturais definidas como tal no inciso XI, do art. 2.º da Lei Estadual nº 5.361/2008, que, com o apoio de sua equipe, poderão se constituir como STARTUPs nos segmentos de Serviços de Internet, Aplicativos para Internet, Tecnologias Sustentáveis, Games e Mídias Digitais sediadas no Estado do Rio de Janeiro ("Art. 2º - Para os efeitos desta Lei, considera-se: "XI – inventor independente: pessoa natural, não ocupante de cargo efetivo, cargo militar ou emprego público, que seja inventor, obtentor ou autor de criação");

2.2 A equipe responsável por cada um dos projetos submetidos deverá ser constituída por até 3 (três) pessoas naturais incluindo o coordenador, e o proponente será o coordenador. A decisão sobre a figura do proponente é fundamental, visto que este será o responsável perante a FAPERJ no que se refere às questões administrativas do Programa, durante TODA sua execução;

2.3 Para efeito da avaliação a ser feita pelo Comitê Especial de Julgamento no que se refere à experiência e conhecimento na área da proposta apresentada no projeto, é obrigatória a divulgação do currículo do proponente da proposta. Informações sobre o currículo e experiência de demais membros da equipe são obrigatórias, mas serão pontuadas de acordo com sua importância para o desenvolvimento do projeto proposto;2.4 É vedada a alteração do proponente desde a apresentação do projeto até a execução final do Programa. A FAPERJ e o programa STARTUP RIO não possuem responsabilidade sobre a gestão interna das equipes e não têm a responsabilidade de atuar na mediação de eventuais conflitos;

2.5 Os demais membros da equipe poderão ser alterados no decorrer do programa, por solicitação do proponente, e desde que previamente aprovada pela Coordenação do Programa.

2.6 As propostas deverão ser submetidas pelo proponente por meio do sistema SisFAPERJ;

2.7 O proponente deverá ter residência fixa, comprovada por meio de atestado (em seu nome ou em nome de parente consanguíneo até 2º grau) ou declaração de residência, no Estado do Rio de Janeiro, anexado digitalizado com a proposta on-line apresentada;

2.8 O proponente deverá apresentar junto ao protocolo da FAPERJ, no prazo determinado no item 6, os documentos originais listados no item 9.3.3 deste Edital.;

2.9 O proponente do projeto deverá ter conhecimento na área de sua proposta e não pode pertencer a mais de uma equipe que submeta propostas no presente Edital;

2.10 Não poderão concorrer a este Edital, proponentes e membros da equipe que possuam pendências junto à FAPERJ, seja na entrega dos relatórios técnicos, seja das prestações de contas, tendo em vista que o sistema bloqueará a submissão da proposta por inadimplentes.

2.11 O proponente deverá anexar, à sua proposta, declaração formal digitalizada, assinada por cada um dos membros da equipe, manifestando sua intenção de participar do projeto e a concordância com os termos desse Edital;

2.12 As propostas submetidas neste Edital que não se enquadrem nos objetivos e/ou que não atendam aos critérios de elegibilidade serão desclassificadas.

3.Critérios de seleção de projetos para o Programa

3.1 Serão considerados para a avaliação da proposta:

3.1.1 Adesão aos termos deste Edital;

3.1.2 Relevância da proposta para a Difusão do Ambiente de Inovação em Tecnologia Digital no Estado do Rio de Janeiro;

3.1.3 O mérito do projeto e a relevância das ações propostas em relação à diferenciação, originalidade, fatores de inovação do produto/serviço e potencialidades do mercado, escalabilidade e aplicabilidade;

3.1.4 O detalhamento do negócio, incluindo planejamento e orçamento;

3.1.5 A clareza na definição das metas a serem atingidas ao final do período de até 12 (doze) meses do programa e dos indicadores de acompanhamento e avaliação da evolução do trabalho desenvolvido;

3.1.6 O Currículo do proponente e de cada um dos demais membros da equipe é obrigatório, notadamente em relação às atividades previstas para a execução do projeto;

3.1.7 O cumprimento das regras do Edital, em especial ao que se refere ao orçamento;

3.2 As propostas serão analisadas por um Comitê Especial de Julgamento, designado pela diretoria da FAPERJ em conjunto com a SECTI – Secretaria de Estado de Ciência, Tecnologia e Inovação;

3.3 Cada projeto poderá pleitear o apoio financeiro de até R$ 60.000,00 (sessenta mil reais). As propostas orçamentárias devem ser enquadradas dentro deste montante total. No caso da aquisição de materiais permanentes e equipamentos é essencial que sejam anexadas as propostas de fornecedores (no mínimo uma), com clara indicação das empresas, bem como a justificativa para a execução do projeto. O mesmo se aplica a propostas de prestadores de serviço. O Comitê Especial de Julgamento tem a prerrogativa de glosar despesas consideradas não-essenciais ou não-relacionadas à execução do projeto, seja no plano qualitativo, seja no quantitativo;

3.4 Os resultados do julgamento serão divulgados na página da FAPERJ na Internet e comunicados aos solicitantes, por meio do sistema SisFAPERJ, em data constante no cronograma (item 6).

3.5 O proponente deverá anexar, à sua proposta, declaração de que o seu projeto não é apoiado por outros programas de incentivo ao empreendedorismo em outros estados do País. A omissão desta informação resultará na desclassificação/desligamento do projeto no STARTUP RIO, a qualquer tempo, e na devolução, à FAPERJ, dos eventuais valores recebidos.

4.Recursos financeiros

4.1 Os recursos alocados para financiamento do presente Edital serão da ordem de até R$ 5.000.000,00 (cinco milhões de reais), definidos na Programação Orçamentária da FAPERJ, podendo, a critério da Diretoria da Fundação, incluir recursos adicionais, dependendo da disponibilidade decorrente de alteração na citada Programação;

4.2 O Programa STARTUP RIO 2015 terá três fases, conforme descrito a seguir:

- FASE 1: Até 60 (sessenta) propostas selecionadas por este edital da FAPERJ deverão participar do Programa Avançado de Formação Empreendedora – PAFE, a ser aplicado ao longo dos 3 (três) primeiros meses do Programa STARTUP RIO. Ao longo do PAFE o empreendedor ainda não faz jus ao recebimento da verba de até R$ 60.000,00, mas terá acesso a treinamentos, consultorias e atividades afins de nivelamento, técnicas de gestão, validação da ideia e construção de plano de negócios, com carga horária semanal de aproximadamente 20 (vinte) horas e frequência obrigatória mínima de 75 (setenta e cinco) por cento de pelo menos um membro da equipe, os participantes do Programa terão direito à utilização do espaço de co-working e supervisão individual de cada projeto pela equipe gestora do Programa. Será opcional a participação em outros eventos, palestras e similares oferecidos pelo Programa a toda a comunidade. A participação nesta fase do Programa terá um custo aproximado de R$ 20.000,00 (vinte mil reais) por equipe, que será pago diretamente pela FAPERJ aos responsáveis pela execução do programa STARTUP RIO, via descentralização orçamentária para a Secretaria de Estado de Ciência, Tecnologia e Inovação – SECTI.

FASE 2: Os projetos dos empreendedores que completarem o PAFE passarão por um novo Comitê de Avaliação composto por membros da execução do Programa e do Conselho do STARTUP RIO. Serão desclassificados os projetos que não cumprirem as tarefas e o planejamento determinados no PAFE, os que não comprovarem disponibilidade e dedicação ao projeto e os que não demonstrarem a viabilidade e a aplicabilidade da ideia proposta. Somente as equipes classificadas após esta avaliação receberão os recursos financeiros no valor de até R$ 60.000,00 (sessenta mil reais), conforme aprovado pelo Comitê Especial de Julgamento deste Edital, em parcela única. Os classificados poderão, ainda, continuar a utilizar o espaço de co-working e receberão – além dos recursos financeiros – supervisão dos projetos pela equipe do Programa, serviços de mentoria e treinamento em desenvolvimento de produto, técnicas de vendas, construção de protótipo e gestão de empresas. Esta segunda fase também terá duração aproximada de 3 (três) meses e carga horária obrigatória mínima de 20 horas semanais, a ser cumprida por pelo menos um membro de cada equipe

- FASE 3: Ao final da fase anterior, uma nova avaliação será feita pelo Comitê de Avaliação composto por membros da execução do Programa e do Conselho do STARTUP RIO. Este Comitê poderá desclassificar os projetos que não tiverem alcançado um resultado satisfatório na execução da FASE 2, bem como aqueles cuja aplicabilidade e viabilidade forem consideradas comprometidas. O comprometimento com o Programa como um todo será valorizado nesta avaliação. Após os 6 (seis) meses de duração da Fase 1 + Fase 2, os projetos aprovados para a Fase 3 têm o direito de permanecer trabalhando de forma gratuita no espaço de co-working do Programa, de participar de eventos relacionados ao ecossistema empreendedor que serão realizados pelo STARTUP RIO, e receber mentoria e consultoria especializada.Os proponentes poderão utilizar recursos de outras fontes que se interessem em participar no desenvolvimento do projeto. Estes recursos deverão ser informados à Coordenação do Programa. A participação nesta fase

PAFE do Programa terá um custo aproximado de R$ 20.000,00 (vinte mil reais) por equipe, que será pago diretamente pela FAPERJ aos responsáveis pela execução do programa STARTUP RIO, via descentralização orçamentária para a Secretaria de Estado de Ciência, Tecnologia e Inovação – SECTI.

5.Itens financiáveis

5.1 São financiáveis itens (elementos de despesa) dos grupos de custeio e de capital, indispensáveis à realização do projeto, de acordo com o classificador de receita e despesa do Estado do Rio de Janeiro (disponível no site www.planejamento.rj.gov.br), compreendendo:

1.a) Despesas de capital:

•aquisição de materiais permanentes e de equipamentos;

1.b) Despesas de custeio

•serviços de terceiros (pessoas físicas ou jurídicas) com caráter eventual para manutenção de equipamentos e de material permanente ou desenvolvimento e manutenção de software;

•diárias, no território nacional ou internacional, desde que essenciais à execução do projeto, previstas no orçamento com a devida justificativa, e aprovadas pela FAPERJ ;

•passagens, no território nacional ou internacional, desde que essenciais à execução do projeto, previstas no orçamento com a devida justificativa, e aprovadas pela FAPERJ

•material de consumo, componentes e/ou peças de reposição de equipamentos;

•despesas de importação (até o limite máximo de 20% do valor do bem importado).

5.2 Não serão permitidas despesas de caráter administrativo como contas de luz, água, telefone, correio, condomínio, aluguel e similares, o pagamento de bolsas de qualquer natureza pela STARTUP , contratação de pessoal técnico-administrativo bem como aquisição de veículos automotores;

5.3 As despesas do proponente e dos demais participantes das equipes relacionadas às suas próprias subsistências (gastos com transporte local, moradia, alimentação e outros afins) correrão por conta dos próprios proponentes e participantes. Não haverá pagamento de bolsas para subsistência.

5.4 É vedado o pagamento, a qualquer título, a servidor da administração pública, ou empregado de empresa pública ou de sociedade de economia mista, por serviços de consultoria ou assistência técnica;

5.5 As propostas deverão ser apresentadas com o detalhamento quanto à necessidade de despesas por elemento de despesa, tendo em vista que depois de concedido o fomento, não poderá haver transferência entre os grupos de despesa de capital e custeio.

5.6 O projeto, iniciado a partir da data do depósito do recurso financeiro, deverá ser executado no período de 09 (nove) meses.

6.Cronograma para seleção

Lançamento do EDITAL	20/08/2015
Submissão de propostas on-line	de 25/08/2015 a ~~29/10/2015~~ 19/11/2015
Divulgação dos resultados preliminares	a partir de ~~15/12/2015~~ 21/12/2015
Entrega da documentação para	a partir

comprovação da regularidade econômica e financeira para projetos pré-qualificados	de ~~16/12/2015~~ 21/12/2015 a 15/01/2016
Divulgação dos resultados finais	a partir de 21/01/2016
Confirmação da inscrição pelo proponente, presencialmente, no Programa STARTUP, situado na Rua do Catete, 243, Catete	25 e 26/01/2016, de 10 às 16 horas
Início das atividades da Turma 2016	15/02/2016

7.Procedimentos para inscrição

7.1 O preenchimento do formulário on-line no sistema SisFAPERJ e a submissão do projeto deverão ser realizados pelo proponente do projeto (com login e senha próprios).

7.2 A inscrição se dará em duas fases:

Fase 1: cadastramento ou atualização do cadastro on-line do proponente do projeto e de todos os participantes associados ao projeto, conforme disposto no item 7.3;

Fase 2: preenchimento do formulário on-line, com prazo final às 17 horas do dia ~~22/10/2015~~ ~~29/10/2015~~ 19/11/2015 em consonância com o disposto no item 7.4.

7.3 Cadastramento on-line (preenchimento inicial ou atualização para os já cadastrados):

7.3.1 Acessar https://sisfaperj.faperj.br/sisfaperj/(login = o seu CPF) ou o site do projeto STARTUP Rio;

7.3.2 Clicar em "Meu Cadastro";

7.4 Preenchimento do formulário on-line:

- Dentro do sistema SisFAPERJ, seguir os seguintes passos:

•Acessar o menu "MEU SISFAPERJ";

•Acessar o menu "Solicitar fomentos";

•Selecionar a linha do Edital "Apoio à Difusão de Ambiente de Inovação em Tecnologia Digital no Estado do Rio de Janeiro – 2015 (STARTUPRio 2015)";

•Clicar em "SOLICITAR FOMENTO"; verificar os termos do contrato e clicar em "Prosseguir";

•A proposta deverá ser apresentada sob a forma de projeto. Verificar os termos do contrato e submeter o projeto.

O projeto deverá ser claro e detalhado na medida correta, devendo conter os seguintes itens:

•Título;

•descrição do produto/serviço e do problema que se propõe a solucionar;

•estágio atual do desenvolvimento de seu produto/serviço;

•público alvo do produto/serviço e oportunidade de mercado ;

•especificação de potenciais concorrentes;

•explicitação da inovação agregada ao seu produto;

•objetivos, metas e resultados esperados;

•plano de trabalho;

•plano de divulgação do produto/serviço;

•cronograma de execução;

•orçamento;

•justificativa para aquisição dos materiais permanentes, dos equipamentos, dos serviços de terceiros (pessoas físicas e jurídicas) com caráter eventual para manutenção de equipamentos e de material permanente ou desenvolvimento e manutenção de software; das diárias e passagens, no território nacional ou internacional, do material de consumo, componentes e/ou peças de reposição de equipamentos e das despesas de importação, todas com a indicação da etapa do projeto em que serão utilizados;

•Item obrigatório: link para vídeo no YOUTUBE ou VIMEO com duração máxima de 4 (quatro) minutos, apresentando o projeto e a equipe desenvolvedora, abordando o escopo, delineando o problema, solução que está sendo proposta e a oportunidade de mercado, potenciais concorrentes e a razão para se propor essa solução;

•Preencher o formulário on-line, anexando: a) documento em que todos os membros da equipe atestam a sua participação no projeto do grupo; b) proposta orçamentária das firmas (proforma invoice, em caso de companhia estrangeira) para aquisição de peças, equipamentos e materiais permanentes;

•Anexar Curriculum vitaeresumido do proponente e de cada participante da equipe;

•Anexar os seguintes documentos digitalizados:

•carta de recomendação de um investidor ou professor/pesquisador ou mentor ou ex-empregador;

•comprovante (ou atestado) de residência;

•declaração de contencioso (positiva ou negativa);

•O proponente poderá salvar o seu preenchimento quantas vezes for necessário e acessá-lo novamente a partir do menu "Meu SisFAPERJ";

•Para fazer o envio definitivo do pedido, clicar no botão Opção – selecionar a seta "Enviar para FAPERJ". Após o envio definitivo da proposta, não haverá possibilidade de alteração ou substituição de seu conteúdo;

•Após o envio:

7.4.1.1 O pedido encontra-se no estado "EM VERIFICAÇÃO" (vide menu "Meu SisFAPERJ");

7.4.1.2 O solicitante receberá um e-mail com a confirmação do recebimento e o número de protocolo.

7.5 Para esclarecimento de dúvidas sobre o preenchimento do Sistema SisFAPERJ, favor consultar, dentro do sistema, o manual na opção "Download – Manual de utilização do SisFAPERJ" ou em https://sisfaperj.faperj.br/sisfaperj/manual_do_usuario.pdf

8.Rejeição de propostas

8.1 Serão rejeitadas as propostas de proponentes ou de membros da equipe com pendências ou inadimplências junto à FAPERJ. A eventual aceitação da documentação não garantirá que o projeto será avaliado;

8.2 Serão rejeitadas as propostas que não apresentarem as propostas de fornecedores e de prestadores de serviços;

8.3 Não serão aceitas propostas submetidas por qualquer outro meio além do SisFAPERJ, tampouco após o prazo final de recebimento estabelecido no cronograma (item 6);

8.4 A FAPERJ não se responsabilizará por propostas não recebidas dentro do prazo em decorrência de eventuais problemas técnicos e congestionamentos da rede;

8.5 Será aceita uma única proposta por proponente;
8.6 Serão desclassificadas as propostas não aderentes a este Edital, bem como quaisquer propostas idênticas apresentadas em outros editais ou programas lançados pela FAPERJ;
8.7 A falta de qualquer arquivo na submissão on-line desclassificará a proposta.

9.Análise e julgamento
9.1 A Diretoria da FAPERJ nomeará Comitê Especial de Julgamento para o presente Edital, ao qual caberá a análise, o julgamento e a classificação das propostas;
9.2 É vedado a qualquer membro do Comitê Especial de Julgamento participar de equipes proponentes ou julgar projetos em que:

1.a) tenha interesse direto;

2.b) esteja participando da equipe do projeto seu cônjuge, companheiro ou parente, consanguíneo ou afim, em linha reta ou na colateral, até o terceiro grau;

3.c) esteja litigando judicial ou administrativamente com qualquer membro da equipe do projeto ou seus respectivos cônjuges ou companheiros.

9.3 A avaliação das propostas cumprirá as seguintes etapas: pré-qualificação, avaliação de mérito e priorização, classificação das propostas e aprovação pela Diretoria da FAPERJ:

9.3.1 Pré-qualificação – Conformidade
Nesta fase, a área técnica da FAPERJ verificará os requisitos definidos neste Edital.
A proposta será desclassificada pela ausência de atendimento aos itens seguintes:

1.Elegibilidade do proponente e dos membros da equipe dos projetos, conforme preconizado no presente Edital;

2.Atendimento aos objetivos do Edital;

3.Preenchimento completo do Formulário de Propostas on-line, segundo suas instruções de preenchimento;

4.Apresentação dos documentos e link para vídeo solicitados juntos com a proposta.

9.3.2 Análise do mérito e priorização

O Comitê de Julgamento deverá apresentar as justificativas de recomendação ou não para todas as propostas e, após a conclusão dos trabalhos de julgamento, elaborará uma lista contendo a relação dos projetos julgados recomendados ou não recomendados, assim como outras informações e recomendações julgadas pertinentes.

As propostas serão enquadradas com base nas seguintes prioridades:

1.Recomendadas com prioridade, de acordo com os recursos financeiros disponibilizados pelo Edital;

2.Recomendadas sem prioridade, para a eventual substituição de propostas recomendadas com prioridade que não forem implementadas, classificados por média;

3.Não recomendadas.

9.3.3 Avaliação da documentação fiscal e de contencioso judicial

Esta etapa consiste na verificação da documentação fiscal e de contencioso judicial do proponente, que inclui:

1.Prova de inscrição no Cadastro de Pessoas Físicas (CPF);

2.Prova de inscrição, ou declaração de ausência de inscrição, no cadastro de contribuintes estadual ou municipal, relativo ao domicílio ou sede do proponente, ou outra equivalente, na forma da lei;

3.declaração de contencioso (positiva ou negativa);

4.Quaisquer ações judiciais que não foram registradas no relatório de contencioso acarretarão a eliminação da proposta;

5.Caso a FAPERJ entenda que as ações judiciais em curso poderão comprometer a boa execução do projeto, desclassificará o proponente, mesmo que a ação tenha sido registrada declaração de contencioso (positiva ou negativa).

9.3.3.1 A documentação necessária, acima explicitada, deverá ser entregue no Protocolo da FAPERJ, no prazo estabelecido no item 6, acondicionada em envelope lacrado e identificado, de acordo com o modelo abaixo:

DOCUMENTAÇÃO PARA AVALIAÇÃO DA CONFORMIDADE FISCAL E DE CONTECIOSO JUDICIAL Edital FAPERJ N.º 10/2015 – "APOIO À DIFUSÃO DE AMBIENTE DE INOVAÇÃO EM TECNOLOGIA DIGITAL NO ESTADO DO RIO DE JANEIRO – 2015 (*STARTUP* RIO – 2015)" NOME DO PROPONENTE: TÍTULO DO PROJETO: NÚMERO DE PROTOCOLO DO PROJETO:

9.3.4 Deliberação pela Diretoria

A etapa decisória será concluída com a classificação e aprovação das propostas consideradas qualificadas pelo Comitê de Julgamento, e com regularidade documental, submetidas à decisão final da Diretoria da FAPERJ. Todas as decisões da Diretoria da FAPERJ durante e ao final do procedimento se fundamentarão nos recursos financeiros disponibilizados para o presente Edital.

10.Prestação de contas

10.1 A comprovação de gastos com os projetos aprovados deverá obedecer às normas das Instruções de Prestação de Contas da FAPERJ para projetos na Modalidade ADT1, disponível na área de serviços da página eletrônica da Fundação (www.faperj.br), bem como a orientações complementares que venham a ser expedidas por sua Diretoria;

10.2 O prazo máximo para prestação de contas final e apresentação do relatório técnico, referente aos recursos financeiros recebidos na Fase 2 do Programa, é de 60 (sessenta) dias, a contar do término de execução do projeto estabelecido no item 5.6. Havendo saldo remanescente do projeto, deverá ser devolvido à FAPERJ antes da entrega da prestação de contas;

10.3 O empreendedor que tiver o seu projeto desclassificado do Programa após o término da Fase 1 não terá que prestar contas à FAPERJ;

10.4 Caso o empreendedor seja desclassificado do Programa na Fase 3, após o recebimento do recurso financeiro, deverá apresentar à FAPERJ, a prestação de contas e o relatório técnico no prazo máximo de 60 (sessenta) dias, a contar do dia de sua desclassificação do Programa. Havendo saldo remanescente do projeto, deverá ser devolvido à FAPERJ antes da entrega da prestação de contas;

10.5 Além do relatório detalhado ao final do projeto, cada inventor independente apoiado por este Edital, deverá estar disponível para apresentação de seus resultados, em data e local a serem marcados em comum acordo com a diretoria da FAPERJ;

10.6 A FAPERJ poderá, analisada a conveniência e oportunidade, divulgar ou publicar os resultados obtidos pela concessão do fomento aos projetos aprovados pelo presente Edital.

11.Revogação ou anulação do Edital

A qualquer tempo, o presente Edital poderá ser revogado ou anulado, no todo ou em parte, inclusive quanto aos recursos a ele alocados, por decisão unilateral da FAPERJ, por motivo de interesse público ou por exigência legal, sem que isso implique direitos a indenização ou reclamação de qualquer natureza.

12.Disposições gerais

12.1 Toda publicação, apresentação em eventos ou exposição apoiada com recursos provenientes do presente Edital deverá citar, obrigatoriamente, o apoio da FAPERJ;

12.2 Deverá ser comunicada à Coordenação do Programa, pelo inventor contemplado, qualquer alteração relativa à execução do projeto apresentado, acompanhada da devida justificativa, cabendo à Coordenação do Programa encaminhar à FAPERJ os assuntos referentes à execução técnica e orçamentária;

12.3 A FAPERJ se reserva o direito de realizar, periodicamente, o acompanhamento da execução do projeto, por meio de formulários específicos a serem remetidos aos responsáveis, e por visitas técnicas;

12.4 A concessão do apoio financeiro e a permissão para utilização do espaço de co-working, bem como participação nas demais atividades do Programa, poderá ser cancelada pela diretoria da FAPERJ por ocorrência de fato cuja gravidade justifique o seu cancelamento, sem prejuízo de outras providências cabíveis.

12.5 Os participantes dos projetos selecionados neste Edital se comprometem a prestar assessoria ad hoc para a FAPERJ durante a vigência do Programa;

12.6 Em se constatando violação às cláusulas do presente Edital, a FAPERJ poderá restringir apoios futuros aos componentes dos grupos das propostas contempladas, registrando-os em cadastro interno de inadimplentes;

12.7 Dúvidas e esclarecimentos sobre este Edital deverão ser enviados, única e exclusivamente, para o endereço eletrônicostartup2015@faperj.br;

12.8 Eventual recurso aos resultados divulgados deverá ser, única e exclusivamente, submetido à FAPERJ, pelo endereço eletrônicostartup2015@faperj.br até 05 (cinco) dias úteis após a notificação do resultado pelo sistema SisFAPERJ; nesse caso, nenhum novo documento ou fato poderá ser incluído no recurso, cabendo à diretoria da FAPERJ o julgamento da solicitação;

12.9 Após a liberação dos resultados finais, a FAPERJ fará contato com os proponentes das propostas aprovadas, por meio do e-mail informado nos cadastros, para a retirada dos Termos de Outorga e Aceitação de Auxílio, e de documentos necessários para abertura de conta bancária (específica para administração dos recursos disponibilizados pela Fundação); por ocasião da devolução desses documentos à FAPERJ, os aprovados também deverão entregar o Formulário de Inscrição devidamente preenchido (ver item 7.4);

12.10 Os casos omissos neste Edital serão resolvidos pela diretoria da FAPERJ.

Rio de Janeiro, 20 de agosto de 2015.

Augusto da Cunha Raupp

Presidente

Figure 4-8.   Organizational Structure of the Nursing Department's Redesign Team

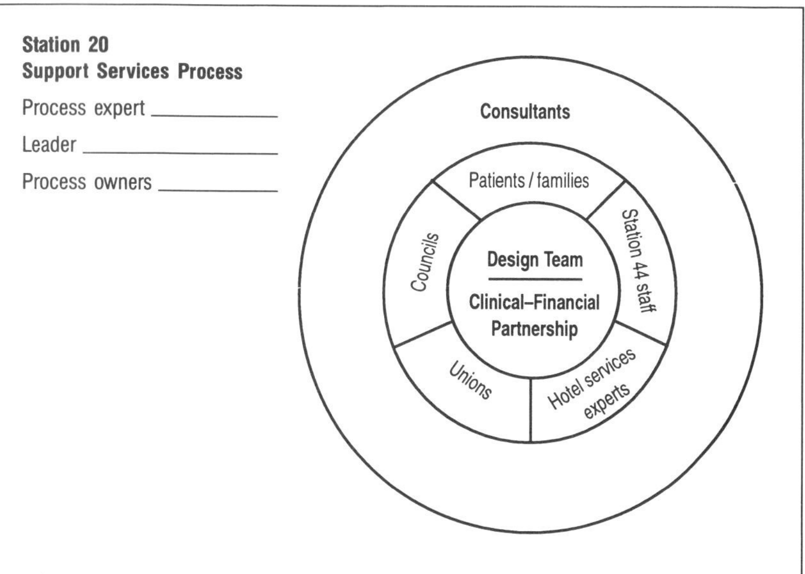

Source: Used with permission of Abbott Northwestern Hospital, Minneapolis.

the technologies and then applying them consistently. Identifying customer requirements, performance measures, and key organizational processes provided focus to the department's work. The capacity of the organization to improve and innovate was increased through development of internal consultants and experts who could lead personal mastery and change; teach and model the theory, tools, and methods of quality and reengineering; and create a culture of learning. Use of a patient-centered philosophy and vision grounded the nursing department in its purpose. Focus on the patient, involvement of stakeholders, and a grassroots approach to change have helped attenuate the fear often expressed in health care that use of business and industrial engineering practice in care delivery will result in a mechanistic, reductionistic, linear, by-the-numbers assembly-line environment for practice and will exclude the care provider's personal relationship with patients. However, the business discipline, when responding to customer/stakeholder requirements, can be liberating by providing focus and the technologies to realize that:

> Patients are the reason we exist.
> People are the reason we excel.
> Systems support the work.

from the same hometown or region who can act as sponsors to help them navigate the intricacies of hospital care and the urban environment. In addition, the program links primary and tertiary care and builds relationships with patients, families, and health care professionals in both the hospital and the community. It recognizes the essential role of community care to patient outcomes. Program objectives are to create nurse partnerships among health care providers, to provide informational links for increased continuity and patient-centered care, and to create a hometown feel for patients hospitalized at Abbott Northwestern.

The Hometown Nurse program is an extension of Abbott Northwestern's care coordination, with 32 percent of the hospital's patient base being referred to Minneapolis from regional areas. It is now available to patients from 23 communities.

Clinical Nursing Research

The ultimate purpose of clinical nursing research at Abbott Northwestern Hospital is to promote scientific strategies to improve patient care. This represents a collaborative undertaking to bring nurse clinicians and scientists together at the patient bedside so that the practicing nurse can become a discriminate consumer of nursing research, use research findings in practice, and learn processes of clinical inquiry. This effort results in a data-based approach to nursing practice. A sense of inquiry, excitement, and intellectual challenge is present among the many nurses who participate directly or indirectly in these initiatives.

Nursing research ensures the attainment of new knowledge; creates a progressive, humanistic learning atmosphere; and values professional nursing practice. It helps nurses focus as one collaborative entity on the priority of nursing—patient care.

One successful nursing research project involved standardizing the approach to care for pressure ulcer patients, a vulnerable patient population. This standardization improved outcomes and reduced costs. The project resulted in savings of $50,000 over two months across seven patient care units. Ultimately, the project could save as much as $700,000 a year if implemented throughout the hospital.

Epicenters of Change

Throughout the past four years, within these overall departmental changes, patient care redesign has been occurring, supported in part by a grant from the Robert Wood Johnson Foundation/Pew Charitable Trusts called Strengthening Hospital Nursing: A Program to Improve Patient Care. In an environment of market-responsive change, it is a challenge to identify which change is the result of which stimulus. The grant work opened Abbott North-western's thinking to the larger community, reinforced partnerships with its customers, and was a catalyst to learning. The integration of quality, grant, strategic, and financial initiatives supported development of a more disciplined, results-oriented, customer-driven nursing department.

The grant sponsored three epicenters of change. These included:

1. Redesign of the rehabilitative care process
2. Redesign of the critical care process
3. Redesign of the cardiovascular care process

The methodology for work redesign was built on the foundation of collaborative governance, the Advocacy through Caring program, personal mastery, and the quality curriculum. The model used is an adaptation from the industrial reengineering work of Michael Hammer and the system-learning organization work of Peter Senge and Innovation Associates. (See figure 4-7.)

Nurses were among the process owners of these large system changes and worked with a design team to create the vision, design, and pilot for change. Targets were established, and results are being measured in the areas of:

- Improved clinical outcomes
- Increased patient/family satisfaction
- More meaningful work
- Increased efficiency of systems (for example, process simplification, reduced cycle times, and so on)
- Reduced costs

Figure 4-8 shows a model of the redesign team's organization.

Patients and payers were included on the design team as co-creators of change. The preliminary results are promising. Migrating from these epicenters are the extensions of innovation and CQI initiatives.

Innovations in infrastructure to support learning and change include personal mastery, team skills, curricula in CQI tools and methods, market/customer data feedback, and process owners and leaders.

Conclusion

Disciplines borrowed from business and industry, which were applied with full recognition of the mission, roles, and services of health care, have improved Abbott Northwestern's nursing department's focus and performance and have produced results. The key has been first "personalizing"

Figure 4-7. Innovation for Team Learning

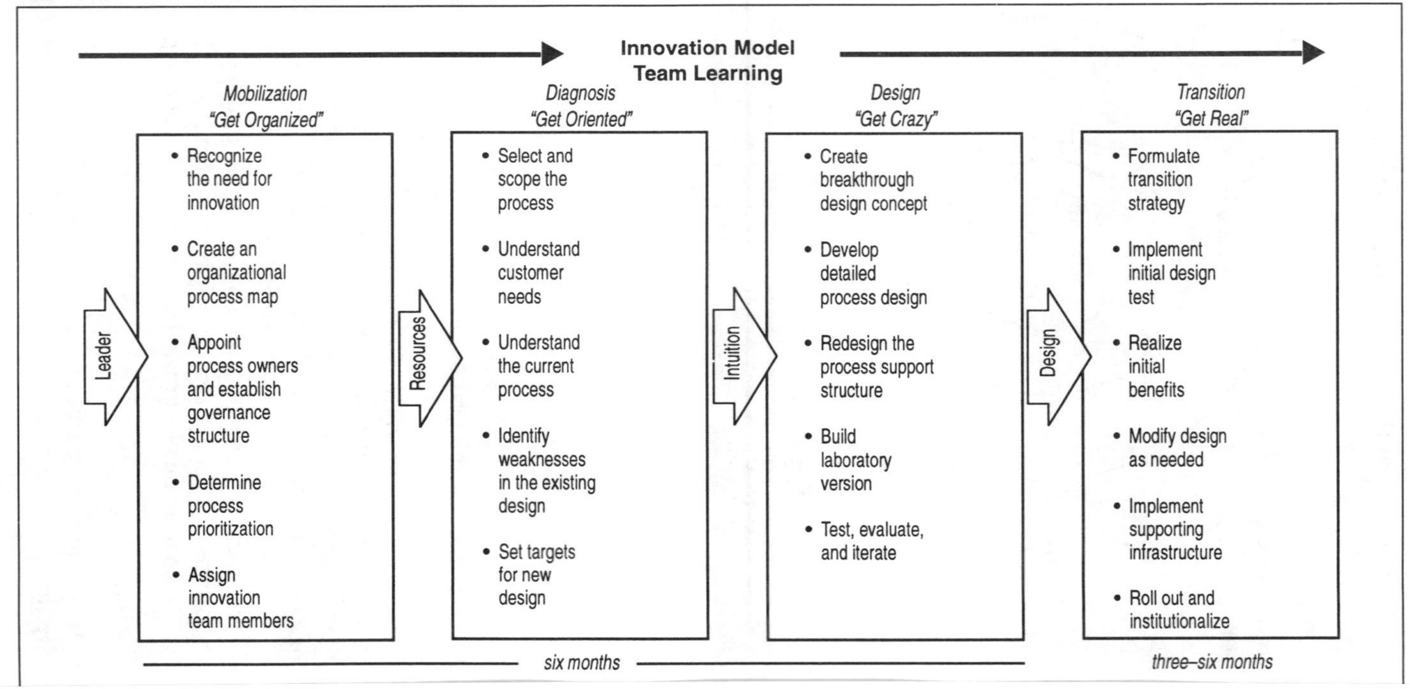

Appendix. Highlights of Requirements for Practice in the New Business Environment

Effects of managed competition on patient care delivery:

- Increased emphasis is placed on primary care, prevention, and community health improvement.
- The hospital is not the center of health care.
- Enrollees in a health plan, not the number of procedures or beds occupied, are a measure of success.
- Hospitals are a cost center; everything must add value.
- Data are a precious resource; they are measured and published.
- Systems and strategies for continuous care are needed more than ever.
- Service excellence is a competitive advantage that can be used to increase customer loyalty and market share.
- Customer loyalty facilitates long-term relationships, which create opportunities for health improvement.
- Efficiency, system improvement, and reduced costs of care are imperative.
- Providers have to redefine their roles and measures of success.
- Quantum-leap thinking is required.
- A moral compass considering philosophy, values, and beliefs is needed to guide decision making.

Requirements for successful practice/care delivery:

- Data-based practice, with continued scrutiny of variance to improve cost and outcome.
- Clarity of professional roles/responsibilities relating to effective and appropriate delegation and coordination.
- Team collaboration skills.
- Ability to learn and innovate.
- Facile, flexible organizational structure; no stovepipes or territories. The structure is based on customer requirements and key processes.
- Quality as a way of life. CQI skills are needed throughout the organization.
- Courage and intelligent risk taking.
- Excellent "customer-listening" skills and responsiveness to customer requirements.

Helpful organizational strategies:

- Develop customer-listening skills and methods.
- Understand clearly articulated, as well as latent, customer requirements.
- Identify, focus, and improve key processes.

- Establish group practices.
- Develop communities of care.
- Organize a focused managed care structure.
- Emphasize outreach and bridging strategies to communities.
- Establish innovation as an organizational focus.
- Develop information systems.
- Ensure that employee development efforts include strategies to increase employees' capacities to learn, change, and be flexible and versatile in their contributions.
- Understand and embrace diversity.

Characteristics of the effective nurse:

- Vision
- Clinical competence
- Hardiness for change
- Patient focused
- Versatile and flexible
- Grounded in quality principles and skills
- Communicator/collaborator
- Professional versus task focused
- Confidence in scope of practice

Educational strategies:

- Personal mastery
- Team learning
- Systems thinking
- Change theory
- CQI
- Delegation and collaboration
- Diversity

References

1. Slack, R. Interview by author. Abbott Northwestern Hospital, Minneapolis, 1994.

2. Goldsmith, J. C. The illusive logic of integration. *Healthcare Forum Journal* 37(5):26–31, Sept./Oct. 1994.

3. Goldsmith.

4. Creech, B. *The Five Pillars of TQM*. New York City: Truman Talley Books/Dutton, 1994, p. 201.

5. Miller, E. H., Perkins, D., Waggoner, D., Morath, J., and Miller, T. *Patient Care Delivery Model.* Minneapolis: Abbott Northwestern Hospital, 1994.

6. Oldencamp, M., and Carse, C. Blueprint for clinical and financial information. Working document presented at VHA CFIS User Meeting, Orlando, Nov. 14, 1994.

7. Gerteis, M. *Through the Patient's Eyes.* San Francisco: Jossey-Bass, 1993.

8. Peck, M. S. Community by choice, not chance. Presentation, The Master's Forum, Minneapolis, Apr. 8, 1992.

9. Senge, P. M. Transforming the practice of management. *Human Resource Development Quarterly* 4(1):5–32, Spring 1993.

10. Kouzes, J. M., and Posner, B. Z. *The Leadership Challenge: How to Get Extraordinary Things Done in Organizations.* San Francisco: Jossey-Bass, 1990.

Chapter 5

Applying New Economic Principles and Methods to Nursing Service Administration

Marjorie Beyers, PhD, RN, FAAN

Changes of the magnitude that health care is currently experiencing are challenging nursing's basic philosophy and values. In order to be effective in the health care delivery systems of the future, nurse executives must accept the inevitability of change and understand the impact change will have on their role. They must take time to reflect on ways to direct the changes, learn the projected benefits and cost, and find ways to manage the external forces that add momentum to change.

This chapter offers insights into why the health care delivery system is undergoing change, provides a perspective on the new way of thinking about nurse executive practice, and describes the nurse executive role in developing and implementing the new models of care delivery. It also offers some basic considerations for future nurse executive practice.

The New Health Care Culture

Changes in health care delivery in the United States have been evolving for some time. However, in recent years, they have been brought into focus in large part by the health care reform debate and its surrounding activities. Among other things, the debate has provided the opportunity to review and put into practice the ideas of leading health reform advocates such as Ivan Illich, whose work has influenced the thinking of most graduate students in nursing and health care administration for decades.[1] He has promoted concepts such as wellness and the health maintenance organization (HMO) that now are part of common practice. In fact, the first HMOs were funded as experimental projects and provided the experience for many of the current health care reform proposals.

The experience of insurance companies, based on their unique reliance on actuarial statistics, risk prevention, and utilization control, also has had a major impact on the changes taking place in health care delivery. Although most health care professionals have been sufficiently familiar with these concepts and principles to be able to speak about them fluently, only recently have they experienced opportunities to apply them to practice. In the new health care culture, health care professionals are expected to be not only fluent in innovative rhetoric but also capable of applying it to the implementation of new models of care delivery.

The evolving changes in health care are reflected in the public focus of the day, which currently is on the economic aspects of health care. Cost, financing, accounting, oversight, and risk control are at the top of the issue list. Like other professions, nursing is affected by this economic emphasis.

Today, wellness and health promotion are more visible in the health care equation. For example, the cost of health care incurred by business and industry is reflected in the costs of products and services. However, the emphasis on wellness and health promotion goes beyond business productivity; it also relates to quality of life for both individuals and communities, which is a goal compatible with nursing's strong philosophical base in social accountability. In fact, nursing has worked to improve access to care and the way health care resources are used. These were major themes in the health care reform debate and subsequent actions.

Nursing's Role in Health Care Delivery

Nursing care is essential throughout the fabric of health care delivery. It is offered in every type of delivery setting as well as through independent and group nurse practices. Given the current economic influence on health care, it is difficult to believe that nursing care does not have an economic base or language of cost and price or fee for service. Because nursing is so integral to care delivery in every setting, over time, nursing services have become integrated into the organizational structures of facilities and services. Only recently, the cost of service offered to patients and payers in some hospitals has included a separate accounting for nursing care.

Acceptance of Nursing as a Business

The idea of nursing care as a "business" may seem foreign to many people because they have not conceptualized the practice of nursing as a business. However, nursing's alignment with hospitals and other health care delivery components makes its acceptance as a business inevitable. Nurses in executive practice now have to respond to the demands for managed care, which is associated with stringent resource utilization to meet cost and price projections and to maintain a competitive edge in the health care marketplace.

To most experienced nurse executives, these demands for managed care are a continued challenge to provide high-quality patient care within the context of the current economic environment. What is different in today's context is that the care services are being designed, packaged, and sold to others. Care continues to be individualized but within the limits of a business package, a benefit offering, or a redesigned service with clear parameters, such as a benefit package of a portfolio of services offered at a cost or for a commitment to produce certain services for fixed fees and reduced cost.

Development of New Competencies and a New Nursing Lexicon

To improve their effectiveness in the new health care culture, nurse executives are developing new competencies and a new language to describe nursing services. In order to participate as team members in the evolving health care delivery systems, nurses should be competent in:

- Effecting strategic planning to create new integrated delivery networks
- Designing services in the continuum of care
- Acquiring financial savvy regarding acquisitions, mergers, and affiliations
- Consolidating facilities and resources
- Negotiating with community leaders and other providers
- Designing services that are commensurate with new cost and price structures
- Implementing plans for care delivery within tight performance margins
- Ensuring evaluation for quality and standards-based performance
- Functioning effectively as executive staff or staff and line combinations
- Leading innovations and change
- Helping themselves and others to learn to function more effectively
- Balancing self-determination with team collaboration
- Learning continuously
- Using data and information to evaluate and improve services

The incorporation of business terms into nursing's lexicon is evident in these competencies.

Effective nurse executives of the future see this change as a new gestalt. However, in traditional terms, the change would be seen as a paradox. On the one hand, effective nurse executives are becoming bilingual, thinking and talking about markets and patient populations, developing business plans and proposals for new services, and negotiating for the integration of health care services within and external to any given health care setting. The activities implied in these words are new to the clinical care lexicon. On the other hand, the language of nursing care is being used increasingly by both business and industry executives and the public in discussions about health care. Terms such as *continuity of care, the health care continuum, holistic* or *comprehensive care,* and *care planning* by any name (*critical* or *clinical pathways*)

all come from the nursing lexicon. The individualization of patient care is
a long-standing nursing goal and outcome, as is the designation of phases
of care and the classification of patients by care requirements.[2]

The New Nurse Executive Practice

Armed with new competencies and a new lexicon (learned vicariously or
otherwise), nurse executives are increasingly providing clinical input in har-
mony with long-range and business plans to position their health care delivery
entity in the marketplace.[3] They are contributing to the definition of *community care networks* and *integrated health services* to meet people's needs
throughout the continuum of life. Consequently, nurse executive practice
is expanding in subtle and sometimes not-so-subtle ways. Consider the following current performance expectations related to some of the competencies listed earlier:

- Strategic planning
  - Participate in policy and strategic development, including visioning and
    projections.
  - Participate in assessing community health care needs.
- Designing services for the continuum of care
  - Analyze epidemiologic and marketing data to develop insights into cur-
    rent and future health care needs.
- Ensuring evaluation for quality and standards-based performance
  - Advocate, measure, and manage quality of care.
  - Identify gaps in care.
- Implementing plans for care delivery within tight performance margins
  - Think creatively about how to design services to maximize resources
    for patient care, such as designing care sequences from acute to sub-
    acute care.
  - Execute business planning with reliable cost and time projections.
- Negotiating with community leaders and other providers
  - Build relationships with diverse groups of people in the community.
  - Redesign the care delivery system to improve patient care continuity.
- Effective functioning as executive staff or staff and line combinations
  - Participate in plans for change.
  - Demonstrate and provide leadership for change.
  - Represent the clinical nursing component in decision making.
- Leading innovation and change
  - Improve productivity.
  - Accomplish more with fewer resources.
  - Maintain and improve the quality of services.

Nurses Are Value Based

In the process of developing the already-mentioned competencies, the nurse executive remains grounded in social accountability. It is notable that in these times of change, this strong social accountability gives nurses credibility as patient advocates and guardians of quality. Even as titles change and practice evolves, there is an unwritten but assumed expectation that nurses in major executive and leadership positions will continue to be the clinical conscience for the health care delivery organization. In this regard, the business of nursing care is all about:

- Ensuring access to nursing care
- Providing care for those who require the service
- Ensuring that the public safety and welfare are protected

Outreaching to persons who need health care, devising community and public services to improve health, and working with others to promote the social good are all entwined in nursing's value system and knowledge base.

Nurses think of their business in social terms, and like many others who serve the public in various ways, have not directly related their services to cost and price. However, that trend has begun to change, and even as some nurses are becoming entrepreneurs, their services continue to reflect their belief that nurses provide an essential public service that must be coordinated for the patient/family and community good.[4]

Nurses Are Action Oriented

In addition to being value based, nurses are action oriented. They thrive on accomplishments. This characteristic serves nurse executives well in the business of nursing care because managing toward performance outcomes is second nature to them. The implementation of business plans to ensure outcomes simply gives nurses more tools to use in providing services. The following principles illustrate how effective action integrates business principles into the performance of core nursing care functions:

- Nursing care must be designed and implemented to provide the continuum of care within or across settings.
- Every aspect of nursing and patient care delivery must be managed thoughtfully and carefully to ensure that appropriate resources are used advantageously to serve patients.
- Staffing patterns and plans must be exquisitely planned and implemented to deal with new health care demand models.
- Work flow must be improved continuously to ensure that resources are used most efficiently to achieve outcomes.

- The organizational structure must provide for essential system support functions.
- Effective use of information systems is necessary to enable appropriate decision making at every level.
- Demonstrated competency and monitoring of performance are essential to effective work at every level.

In general, a useful principle in labor-intensive service businesses is that less management is better but sufficient oversight is essential. In any business, key production elements must be identified. In nursing care, a service business, the individuals who provide the care and those who support the care functions are the patient's most important health care resource.

Nursing's New Perspective

The practice of nursing service administration became a formal area of specialization in the late 1940s. The functional nursing care delivery models developed during that era reflected the management theories of the day. A major breakthrough in the unit-based models of care delivery was development of primary nursing care, which brought nursing care to the forefront in hospital settings.

Nursing's new perspective of providing care across a lifetime continuum using all types of traditional and alternative care settings retains and builds on many concepts and principles from the various models developed over the years. Any changes made toward the new perspective should be examined within the framework of three aspects of nursing care delivery:

1. The scope of nursing care
2. The structure of care delivery
3. The science of nursing administration

Although these aspects are interrelated, each has significant dimensions that must be addressed. It is useful to compare each with former and new practices to illustrate these dimensions.

The Scope of Nursing Care

Nurses once provided care in one setting, thereby limiting their service to the patient's requirements within a defined time frame, such as the length of stay (LOS) in a hospital or nursing home. For example, the term *episode of care,* which once defined the period of hospitalization, in recent years has been used to refer to care during an illness or disease process from beginning to resolution. Indeed, for any given episode of care, there might be only minimal hospital use. Today, the term *episode of care* is limited and restrictive because the scope of nursing now encompasses care throughout the life span, from birth to death. And nursing interventions include individualized care as well as group and community care.[5]

Shifts in Demand and Use

For some, the extended scope of nursing care is not new. Historically, nursing care was integral to community and public health and then became strongly associated with hospitals. Today, nursing is becoming more associated with health care than with hospitals. Nursing care in all health care settings continues to focus on caring and health even as care and treatment processes have been changed by technologic advances. Today, there is a very different focus for nursing services. More nurses now are practicing in home care, long-term care, and ambulatory care settings.

The shift of nursing care from hospitals to these settings is reflected in a shift in both the focus of care interventions and in the demand for nursing services. The new focus is evidenced in the adaption of case management, patient teaching, and counseling, as well as physical and emotional care, to integrated care delivery encompassing all care settings. As a result, nurse executives are designing and managing care for the continuum of care, integrating care provided in any one setting into a new gestalt incorporating care, cost, and quality outcomes in every phase of designing, managing, and facilitating the delivery of patient care.

These new models of integrated care delivery are helping to clarify the nurse–patient relationship. Hospitals now are used selectively because advances in technology have enabled the expansion of outpatient services to include major surgery, diagnosis, and treatments and also have reduced the need for some invasive-care procedures. Indeed, some technologic advances promote self-care with appropriate education and support (for example, home infusion therapy). Nursing services in today's health care environment reflect a broadened span of services including wellness and health maintenance, as well as acute, chronic, and long-term care. In addition, there is increasing involvement of patients and families as partners in care.

Other Enablers of Change

The change in health care financing and the drive to reduce costs also have enabled change. Some people choose not to use the hospital more because of increased out-of-pocket costs, that is, higher deductibles or having to pay more because their insurance doesn't cover certain procedures. The new learning on how to reduce costs through judicious diagnosis, treatment, and care alternatives is yet another enabler of change. Decreasing LOS through improved clinical decision making and resource use has resulted in decreased utilization of health care resources. More significant in the long run, however, is the change in incentives toward wellness. Incentives built into financing approaches are a point of discussion. Capitation, vouchers, partnerships, and cooperatives are being discussed with the intent to encourage healthy lifestyles and health practices and improved management of high-risk factors to decrease illness and disease and thus hospital utilization.[6]

The main effect of these changes and others is that the scope of nursing now must be expanded to meet the new demands for care. These new demands can be illustrated as changes in structure.

The Structure of Patient Care Delivery

Integration of the finely segmented components of health care delivery—the hospital, the nursing home, and so on—is causing a change in each. The technical language of vertical and horizontal integration has become almost too orderly to describe what is actually happening in the field. *Vertical integration* refers to integration of different components of health care delivery such as acute, long-term, ambulatory, and home care. *Horizontal integration* refers to integration of like components, such as home care agencies. Initially, integration was considered in facility and financial terms. Thus, the integration of services was preceded by integration through mergers, acquisitions, and affiliations of facilities and financing. Now, integrated services are being formed that allow people to obtain "seamless" health care. The philosophy and concepts of integrated health care are increasingly being defined in practical terms that make sense to clinicians. The focus on integration does not diminish the mission and value of each of health care's components, but it does change the perspective from providing care for an episode of illness to providing care over a lifetime continuum.[7]

The Transition to Broader Nurse Executive Accountability

Formerly, the operation and management of hospital care, home care, or nursing home care were very separate, specialized functions. In the emerging care delivery systems, operational and management functions are being consolidated and simplified to reduce redundancy and improve coordination throughout the continuum of care. These changes are significant for nursing services.

In some settings, the nurse executive is filling a staff role to design the nursing and patient care entities for the entire system. Because the traditional nurse executive role is embedded in policy, strategic planning, and operations in a line-oriented position, the transition to a broader scope of accountability requires a new perception of role and role competencies, as well as a broadened scope of care delivery accountability. With regard to care delivery accountability, nurse executives have been educated to consider each component of care delivery as a separate entity, with varying regulations, payment structures, resources, and utilization. It is clinical services that bring these separate entities together in the effort to design and implement a seamless flow of care. With regard to perception of role and role competencies, traditionally the nurse executive concentrated on a single type of care, such as hospital or home care. In the new perspective, he or she concentrates on the continuum of care for purposes of serving patient care needs over time. Changing from the old to the new perspective is more difficult than it sounds, but the effort proves worthwhile as improved patient outcomes are achieved.[8]

Two Dimensions of Change in Structure

Two major dimensions of change in structure that must be addressed are continuity and collaboration. *Continuity of care* means that the scope of care is extended to match patient requirements for services throughout a disease or illness episode of care, or over the long run for persons with chronic illnesses or deteriorating functional capability (and particularly for wellness and health maintenance throughout the life span). As mentioned earlier, no longer can the nurse executive focus on the time from admission to discharge in designing the care sequences for nursing services; the focus now must be on the entire spectrum of care needs over time and across settings. In this regard, primary nursing care provides the concepts and framework for the new longer-term patient–nurse relationship, which is explained by the term *case management*. Nurses are participating in managing comprehensive care in which the care design inputs of all health care professionals are coordinated.

Collaboration is imperative in the newly forming care delivery structures. It must occur within nursing and across settings where nursing care is provided, between nursing and other disciplines, and between health care entities and the community. The new health care delivery culture focuses on clinical care in which critical thinking, collaborative care teams, and communication between and among disciplines are critical success factors. Finally, collaboration among patients/families and care providers is indicative of the new value for full patient participation in care planning and delivery.

In any given component of health care delivery—hospitals, home care, and long-term care—collaborative practices are being fostered through the redesign of care delivery. Most of the redesign initiatives result in flattened organizational structures and integration of care and supporting functions for care. For example, in the hospital, the coordinating organizational focus for patient care is changing from the patient care unit to use of the care plan, which unifies the patient's experience and promotes the desired outcome. Although both the patient care unit and the patient care plan focus on the patient, their methodology and process are approached differently. For example, in the patient care unit, coordination centers on interdepartmental work. In the patient care plan, the focus is on individualized care. A variety of planning tools such as critical pathways and clinical paths are used to coordinate care in planning that incorporates all inputs in a seamless plan of care. Thus, collaboration results in new relationships and new management initiatives that must be planned and implemented appropriately. Effective collaboration enhances each health care profession's capability to perform.

Although collaboration sounds basic, in reality it is achieved with considerable adjustment in each contributing professional's attitudes, values, and perceptions. It is good to remember that patients/families can tell the difference between an X ray and a laboratory test and between nursing care and physician care. They also know when the different professionals are working together to provide continuity in the care process. The structural changes should facilitate this continuity.[9]

The dimension of collaboration also applies to interactions between and among nurses in the different components of health care delivery. In the past, clients were sent from one type of setting to another (for example, from hospital to home) with a referral, a discharge plan, or an introduction or appointment. Care sequences were repeated in each setting. Now, through integrated care planning in which one person, usually the case manager, oversees the continuum of care, there is less redundancy. In some networks or systems, case managers hand off their accountability from one setting to another. Preferably, the handoff is planned in advance as part of the continuity-of-care plan.

Building collaboration between and among nurses is as challenging as building collaboration between and among persons from different health care disciplines. Effective collaboration focuses on the clinical aspects of care rather than on the organizational practices that have evolved over time. Separation of clinical aspects from the organizational structures and methods is important in redesigning initiatives that promote patient care provided via collaborative practice structures. It also is a first step in rethinking the science of nursing administration.

The Science of Nursing Administration

The overriding challenge in the new perspective of nursing administration is to design patient care service and ensure its effective implementation. In addition, the nurse executive is intimately involved with others in assessing community health care needs and designing services that are competitive in the health care market and that meet targets for productivity and profitability. Consequently, two major dimensions of change in the science of nursing administration are:

1. *Relationships:* The interactions between professionals within the nursing department and the interactions between nursing department professionals and staff from other divisions or departments
2. *Competencies:* The methods of providing nurses with the appropriate education to be able to participate in the designing of patient care in the new perspective

These two dimensions are described in the following subsections.

Compared to the former emphasis on resource allocation and management for specified services in a given setting, this perspective is very different. However, the tools and resources used to manage in either perspective are much the same. For example, in both, nurse executive practice exists to ensure high-quality patient care delivery. Also in both, creating the environment for care and establishing the appropriate culture are critical success factors. Consequently, the expectations for leadership continue to be important.

Relationships

The nurse executive in an integrated care delivery system must integrate the varying operational parameters in each setting around a common theme, for example, service culture. Because health care is labor-intensive, managing human relationships remains central in nurse executive practice. To ensure appropriate resource allocation and productivity for care management in the integrated care delivery system, new opportunities to unify previously diverse staffs across settings, as well as concepts related to managing human relationships, are required.[10]

Some of the most significant challenges for nurse executives now surround the nursing care delivery philosophy and model, as well as the nursing care and practice standards. The changes lie in attitudes and subtle differences rather than in major changes in the nature or focus of the work. For example, both the nursing care philosophy and model are necessary to form the foundation for the operational and management practices in nursing services. Both are basic to designing appropriate policies for the selection and retention of qualified staff; staff development, including in-services and continuing nursing education; and quality management. Nurse managers continue to interact with those from other divisions or departments to accomplish the flow of patient services, but this may take place in care teams related to a patient care service rather than to a particular department.

Competencies

The way care is designed and implemented leads to changes in staff education. In the past, the nurse executive designed care sequences with corresponding tasks, and staff were educated or trained to perform the tasks as designed. Now, he or she empowers others to make decisions and to engage in critical thinking. Shared governance models, often in the form of committee structures and memberships, have been introduced to help nurses make the transition from the old perspective to the new. These models usually emphasize care and quality standards and the application of research to practice. Inclusion of staff nurses, clinical specialists, and managers on these important committees is an indication of the readiness to move toward collaborative practice models.

Shared governance also is associated with new expectations of managers throughout the health care delivery system. For example, managers are expected to use business methods in their work. The increased educational preparation of nurses, the increased ratio of registered nurses to total nursing staff, and more sophisticated information technology are among the factors that have prompted this change to occur in nursing service organizations.

Care processes are increasingly being designed for purposes of costing, pricing, marketing, and managing. Nurses are more comfortable dealing with the challenges of individualizing care than with those of "packaging" care processes, with cost and price attached in a business plan. Care services may be designed in several different ways. One method of organizing and sequencing care to enable assignment of cost and price is the critical pathway.[11] Another approach is to unify components of services by designing a sequence of services from beginning to end (sometimes known as a *service line*), with use of different inputs (such as obstetrics care) using ambulatory, home, and hospital care in sequence. Yet another service design method is to separate services. Designation of subacute care is an example of separating one phase of care from others, giving it a name and a focus. Whatever the approach, the process of developing business plans with purpose, objectives, financial data, and projections of use and marketability are competencies that nurse managers now need.

Recommendations for the Future

The business of nursing care has greatly influenced the emerging health care culture. To function effectively in the new culture, the nurse executive must integrate mission, knowledge, and economic elements with the philosophy and conceptual basis for nurse executive practice. In the transition to the future, nurse executives should consider these realities:

- The core business of nursing is caring and providing support, information, education, counseling, and interventions as required.
- Access to nursing care will occur increasingly through business transactions. The methods of making services available and delivering them will be enhanced by computer technology.

- Communication and information can be transmitted electronically in ways that empower people to act quickly and appropriately. New management techniques are imperative. The trend is toward thoughtful hands-on care facilitated by more up-front design, with techniques for measuring the performance and evaluating the usefulness of almost every care process. Nurse executives are moving to staff roles in which policy, design, and forecasting competencies are critical.
- Nurses must consider their services from an economic perspective. Keeping track of the time of an encounter, pricing a sequence of services, and considering the cognitive power of nursing knowledge as a commodity are only a few of the adjustments in thinking that nurses must make.
- Business is partially data driven but also requires leaders who follow their instincts. In nursing, effective nurse executives will continue to follow their instincts and will keep them honed by keeping up-to-date on changes in business, industry, and health care technology and in social needs.
- The most important asset a leader brings to an organization is expertise and the self-confidence to use it to relate effectively and to contribute. A plan for personal growth and for learning to manage both the change and the business is key to success.

Conclusion

The vision and direction of the current changes in the science of nursing administration have been evolving for years and have recently taken shape thanks in large part to the health care reform debate. The external forces calling for reform have created an environment in which intelligent persons have seized the opportunity to act and are participating in shaping a new health care culture.

In the new culture, health care delivery models such as integrated health care systems are attempting to respond to current economic influences demanding a reduction in the cost of care without a reduction in the quality of care. These new models in turn are requiring changes in nursing's role in the delivery process. For example, more nurses are broadening the base of their practice. In addition to providing services in hospitals, nurses now are extending the scope of their service to alternative settings such as the home. The demand for their service and use is changing from care delivered during a single episode of illness to collaborative care provided throughout the life span. As a result, nurses' relationships with each other and with other health care professionals, as well as with patients and their families, are being clarified and, in some cases, redefined.

In order to make the transition to the new perspective, effective nurse executives must acquire a new lexicon and new competencies and then pass them on to nursing staff. The new lexicon and competencies incorporate the language and tools of a business approach into care delivery. And finally, nurse executives will make the change in ways that enhance the social accountability inherent in nursing's philosophy and mission.

References

1. Illich, I. *Medical Nemesis: The Expropriation of Health.* New York City: Pantheon, 1976.

2. Hammer, M., and Champy, J. *Reengineering the Corporation: A Manifesto for Business Revolution.* New York City: HarperCollins, 1993.

3. Kushel, G. *Reaching the Peak Performance Zone: How to Motivate Yourself and Others to Excel.* New York City: AMACOM, 1994.

4. Weisman, C., and others. Management education for nurses: hospital executives' opinions and hiring practices. *The Journal of the Foundation of the American College of Healthcare Executives* 40(2):296–308, Summer 1995.

5. Bless, C., and others. Nurses' role in primary health care. *Nursing and Health Care: Perspectives on Community* 16(2):70, Mar.–Apr. 1995.

6. Jennings, M. C. Developing a super PHO. *Healthcare Financial Management,* Sept. 1995, pp. 24–25.

7. Blancett, S. S., and Flarey, D. L. *Reengineering Nursing and Health Care: The Handbook for Organizational Transformation.* Gaithersburg, MD: Aspen, 1995.

8. Boston, C. Work transformation in healthcare cultural transformation. *The Journal of Nursing Administration* 20(1):19–20, Jan. 1995.

9. Field, M. J., and Lohr, K. N., editors. *Guidelines for Clinical Practice: From Development to Use.* Washington, DC: National Academy Press, 1992.

10. Kaluzny, A. D., and others. Quality improvement: beyond the institution. *The Journal of the Foundation of the American College of Healthcare Executives* 40(1):172–88, Spring 1995.

11. Field and Lohr.

Chapter 6

Facing Nursing's New Educational Challenges

Geraldene Felton, EdD, BSN, MSN, RN, FAAN

The current environment surrounding health care and health care education is marked by major change and uncertainty. Even without federal legislation, health care reforms of various kinds are being implemented in response to changes in the financing of health care. All of this has major ramifications for the roles, responsibilities, and practices of existing health care professionals, causing certain types of managers and leaders to be in demand.

This chapter discusses the education required to revitalize the roles, responsibilities, and practices of nurse leaders in today's changing health care environment. It also describes some of the challenges nursing administrators face in effecting that revitalization. An appendix at the end of the chapter provides a definition of the advanced practice nurse (APN) designation and the Institute of Medicine's recently proposed redefinition of primary care.

The Current Health Care Environment

Primary care is increasingly being recognized as absolutely vital to the health of the citizens of this country. It has been redefined by the Institute of Medicine as

> The provision of integrated, accessible health care services by clinicians who are accountable for addressing a large majority of personal health care needs, developing a sustained partnership with patients, and practicing in the context of family and community.[1]

Primary care providers can include physicians with general training, advanced practice nurses, and physician assistants. Equally important strategies in today's health care environment are early detection, health promotion, and health problem prevention, all of which demand the careful coordination of care.

However, a number of factors currently are complicating the coordination of patient care. For example, reduction in the use of the hospital as the care site for all but the sickest patients requires new methods of delivery and care management—and new clinical and administrative roles. Nursing is particularly affected by this change. Nurses now are being expected to supervise the work of more unlicensed support personnel, which is itself a time-consuming task. Coordination of care is further complicated when support personnel are assigned directly to patients as if they operated on their own authority, rather than being assigned to nurses for delegation purposes. Simultaneously, there is a demand from both consumers and nurses for more effective use of better-educated caregivers to meet the complexity of today's health care needs. As patients are being discharged sooner, the need for posthospitalization care at home or in some other alternative community setting or long-term care institution is escalating. This trend has led to an increased demand for registered nurses (RNs) to manage and provide services in the home or in community settings.

The Demand for New Nurse Education

The trend toward having RNs deliver care in alternative settings and tailoring the environment in which professional nursing is practiced has led to a burgeoning demand for APNs with graduate education that prepares them to function as primary care providers as well as make appropriate diagnoses and provide clinical management for health maintenance and health restoration. Further, strategies to increase the evaluation of efficacy (what works under ideal conditions), effectiveness (what works under average conditions), and practice outcomes measurement make it essential that nurses:

- Be skillful in managing and communicating information and knowledge
- Have the capability to develop new skills and competencies that reflect a changing reality
- Be associated with teaching, learning, and collaborative practice with other health providers

New Models of Collaboration

One premise that makes sense is for all health care professions to work together. Despite the many adjectives (interdisciplinary, multidisciplinary, transprofessional, interprofessional) used to describe this approach in the new health care culture, the concept remains constant—health professions from different disciplines working together to provide a continuum of preventive and health care services to address the needs of patients whose continuum of care extends beyond hospital walls. The new models of collaboration will not be rigidly hierarchical but will provide for differentiated practice according to education, experience, and demonstrable competence.

The need for nursing in both acute care and unstructured patient care environments will become more visible in a capitated health-based system, and with it, the need for a better-educated workforce. Indeed, new relationships and interactions will drive care in the emerging integrative environment. This requisite means that the professions need to be clear about their contribution to the partnership, including the character and content of each profession's specific work on the health care team.

Tim Porter-O'Grady addresses the importance of building clear relationships in the following manner:

> It is not possible to negotiate a relationship with a partner if that partner has no notion of his or her specific contribution to the partnership. This means that the health care institution must accommodate each profession's unique role and accountability, and must provide the opportunity for each to structure its internal relationships in a way that supports the work of patient-centered care. The contribution of professionals to the integrating relationship in health care delivery demands that an effective mechanism be in place for handling each discipline's business and work with regard to standards, practice, accountability, and role.[2]

Technology in the Nursing Curricula

Without question, computers and telecommunications will become more important in the education and practice of RNs as nurses organize patients into electronically linked self-help groups and customize health promotion. Technology will be increasingly regarded as an aid to clinical decision making, particularly in ensuring that guidelines and standards are implemented appropriately. Electronic links offer the promise of consultation across vast distances, easy access to the latest information, and the possibility of lifelong learning opportunities. For this promise to be realized, basic preparation for and familiarity with the evolving development of information technology, new devices, and computer applications must be better mainstreamed into both the curriculum and the practice arena.

More specifically, the rapid rate of change in technology requires nursing education to provide a framework for understanding the safe and appropriate use of medical devices within the context of nursing practice. It is important to emphasize that all nurses need formal education in the appropriate use of new technologies, for many reasons. Technology is used in nursing practice to monitor patients, manage information, communicate, deliver care, diagnose, retrieve information, evaluate care, and so forth. In addition, nurses are the primary users of most of the medical devices approved by the Food and Drug Administration. Nurses working in hospitals, nursing homes, ambulatory surgical centers, outpatient facilities, community health centers, and other clinical settings are responsible for providing care that entails the use of an ever-growing array of medical devices. Teaching patients and families how to use and care for home medical devices is also a responsibility of nurses. Finally, the Safe Medical Devices Act of 1990 requires facilities to report all incidents in which medical devices caused or contributed to the death, serious injury, or serious illness of a patient, and nurses usually contribute to or write such reports.

Along with learning about technological advances, nurses must become adept at evaluation research and acquire the corresponding technologic and data-management skills to achieve that objective. The large databases that will be developed to monitor quality and cost-effectiveness must include variables of concern to nursing, and nurses must be prepared to make use of these data sets in shaping their practice and policies.

Strategies for Successful Nurse Recruitment and Retention

Successful recruitment and retention practice and the effective use of health care professionals other than physicians will require other distinct strategies. These include:

- Changes in interpretation of legislation affecting practice
- Additional financial support for higher nursing education
- Creation of programs to keep practitioners in certain areas
- A loan-forgiveness program for health care professionals in short supply
- Career advancement opportunities
- Adequate remuneration for services

The value of all health care providers must be recognized, and each type of provider must be allowed to practice to the limit of the current scope of his or her license, certificate, and other legal authority. Reimbursement for services provided by APNs by public and private payers must be consistent with the services they are legally able to provide and free of constraints from artificial barriers and discriminatory practices.

Nurse Participation in High-Level Strategic Planning

Another important aspect of the environment is the concern that high-level strategic planning for fundamental institutional change frequently does not include RNs, yet RNs are regularly expected to work out the operational details of restructuring, mergers, and consolidations. The move in many hospitals to incorporate nursing with other patient care services under a single vice-president for patient care services has the potential to diminish the importance of the nursing director in the senior hierarchy as comparable to the medical director (in part because the word *nursing* is not mentioned in the title *patient care services*). Although nurses are best suited to assume these new high-level positions, in many institutions the emphasis has shifted away from the patient care focus of nursing to patient-focused care as a rallying cry for providing services at the lowest cost. These trends are disturbing for many reasons, the most obvious of which is that nurses have the skill sets needed for forging partnerships, and their skills evidence limitless creativity, ingenuity, willful integrity, vision, and personal courage.

Strategies for Nursing Education

Nursing and nursing education must prepare for changes in the health care system and the considerable opportunities that are evolving as a result of managed competition and the forces of market-driven health care reforms. As nursing and health care delivery expand, there will be an increasing demand for advanced practice nurses and nurse case managers inside traditional health care institutions as well as in community settings.

The increasing pressure that managed care is placing on all health care providers supports arguments that "expert" nurses can provide the bulk of all primary care in the future. Such a shift in care provision can be accomplished through partnerships between nurses and physicians to provide high-quality care to larger populations than either group could provide care to by itself. For this vision to become a reality, the nursing field needs to work hard to prepare as many nurses as will be required to take on primary care responsibilities. In addition, nursing education should continue to emphasize the preparation of individuals with in-depth, specialized knowledge in early intervention, disease prevention, health promotion, and appropriate diagnosis and clinical management of acute and chronic illness.

It is clear that nursing school graduates preparing to enter the work world are encountering a field that is experiencing major changes. In every practice setting, nurses are likely to experience a sense of chaos and instability as today's health care tends to be characterized more by opportunism than by planning. Nursing school faculty members need to instill within students a sense that nursing is a career, but not necessarily a career that will take place in one organization, or even in one type of organization.

To meet the need for health care workers and to ensure the appropriate mix of disciplines, the Pew Health Professions Commission Report *Education for the Future: Schools in Service to the Nation* recommends six strategies for nursing education:[3]

1. Develop programs at the various levels of nursing education that reflect the contributions that are needed in the changing patient care system.

Change licensing and care delivery regulations to ensure that nurses are employed in roles for which they have received appropriate training and that they are rewarded for their contributions. Model new nursing arrangements in the care delivery system using these differentiated nursing roles, and evaluate their impact on patient and health system outcomes.

2. Restructure faculty positions in nursing schools and programs to involve them more directly with the patient care system and nursing practice.
3. Develop interdisciplinary teaching, practice, and research programs for the maintenance care of chronic patient populations.
4. Redirect a significant part of all nursing programs and schools to the health care needs of community-based patients.
5. Continue the development of graduate-level clinical training programs for nurses in areas where health care services can reduce cost and improve access and quality.
6. Conduct comprehensive and ongoing programs of strategic planning within each nursing school and program.

Nursing Curricula Imperatives

The new health care environment has created a revolution in the culture, structure, and process of nursing education and nursing administration. In order to provide nurses with the most effective and appropriate training, nursing curricula must:

- Shift from teaching operational information to teaching principles.
- Make use of research knowledge development, research utilization, and service knowledge to shape the practice environment to guide practice.
- Emphasize continuous learning.
- Teach students the specifics of application in the practice setting, practice measurement, and practice outcomes measurement.
- Renew emphasis on multidisciplinary and interprofessional education to provide nursing education in a managed care environment and with a range of disciplines.
- Ensure curriculum relevance that restructures educational processes to reflect the collective reality. Core content should include:
  - Theory/science of the discipline.
  - Nursing research.
  - Issues/ethics: Ethics provide the tools (principles, such as justice, respect for persons, autonomy, fidelity, social utility, nonmalfeasance, beneficence, and so forth) and the framework (theories such as utilitarianism and so forth) to address both substantive and procedural ethical problems, build defensible arguments, and justify decisions that are made.

—Health finance/health policy.
—Information systems/management science/communications.
—Leadership/resource allocation/organizational behavior.
—Project/thesis.

In addition, nursing curricula should offer value-added education. They should:

- Provide an educational focus that ensures requisite skills, behaviors, and competencies for accountability for patient services
- Offer practice focus and clinical competence; service quality, leadership skills, and mind-sets necessary in times of rapid fundamental change
- Focus on research, including:
  —Nursing interventions or actions related to effectiveness and patient outcomes.
  —Nursing information and classification systems.
  —Clinical resource management to protect patient care quality.
  —Interventions for mundane, costly conditions.
  —Strategies to improve health status.
  —Cost-measurement analysis of care.
  —Research utilization strategies.
  —Interdisciplinary linkages and exploration of questions of mutual interest: Nursing knowledge becomes stronger when built in tandem with knowledge from disciplines such as medicine, psychology, and economics. Even with current federal initiatives designed to promote interdisciplinary activities, productive arrangements among disciplines are difficult to achieve. Barriers that must be overcome include problems with access, communication, funding, and a lack of trust among professions.
- Provide continuing nursing education shaped by:
  —The changing scope of practice
  —The competence expected by level of academic preparation
  —The need to improve nurse capability and adaptability
  —The expanded need for broadened career visions
  —Career counseling for displaced nurses
- Ensure literacy about managed care and integrated delivery systems
- Enhance sensitivity to resource constraints
- Institute strategies that lead to ever more effective partnerships; sharing of resources, teaching, learning, and clinical practice across health care disciplines; and more creative responses to problems
- Encourage new models of collaboration across health care professions

Challenges to Providing Appropriate Nursing Education

Despite the obvious need to provide the education that will help nurses perform effectively in the new health care environment, there are many challenges. These challenges come from both outside and within the health care institution. They include:

- Federal financing policies that are out of balance for the needs for educated nurses
- Adequate workforce production through an appropriate number of effective programs (There currently is an enormous proliferation of APN programs, many of which are considered to be of marginal quality.)
- The tremendous number of nurses in the system who are ill prepared for the complexity of today's health care needs
- Recognition that the nature of practice is changing faster than the skills and knowledge base of existing nursing faculty
- The necessity to retool faculty to respond to the new culture and the way health care is financed
- Restrictive state statutory regulations that do not allow nurses direct third-party reimbursement for services, full prescriptive authority, or independent scope of practice (that is, practice without physician supervision)
- Lack of knowledge of the APN role among some physicians, the general public, and the different health care professionals
- Integration of practice guidelines and clinical care pathways as learning tools
- Teaching and thinking in terms of teams and systems
- Contradiction between the behaviors organizations urge and the actions they take:
  —What organizations do tells what they value
  —What organizations value tells what they believe
  —What organizations believe is picked up and internalized by staff and students and passed on through subtle and explicit behaviors to those under their supervision and care
- Contradictions between what institutions teach and what they do (which encourage undesirable frames of mind such as the cynicism that often replaces the high-mindedness with which students begin their health care education)

Conclusion

In order for nurses to perform most effectively in the new health care environment, they must be provided appropriate educational opportunities. Advanced education will enable nurses to expand their role of care provider to include responsibilities such as making diagnoses and providing clinical management in care settings outside the hospital. In addition, nurses should be included in strategic planning for institutional change. Appropriate educational and operational opportunities for nurses will not only enhance the quality of care for patients but also will help ensure that the future demand for nurses will be met.

However, to provide the necessary education, nursing school curricula will need to be revised in terms of both focus and skill acquisition. This will require rethinking the nurse's role and responsibilities on the part of authorities from both within and outside the hospital. The challenges to accommodating nursing education to meet the care delivery needs of the new health care environment are many, but they must be undertaken if the integrated care system is to succeed.

References

1. Vanselow, N. A., Donaldson, M. S., and Yordy, K. D. From the Institute of Medicine. *JAMA* 273(3):192, Jan. 18, 1995.

2. Porter-O'Grady, T. The real value of partnership: preventing professional amorphism. *Journal of Nursing Administration* 24(2):11–15, 1994.

3. O'Neil, E. H. *Health Professions Education for the Future: Schools in Service to the Nation.* San Francisco: Pew Health Professions Commission, 1993.

Appendix. Definition of the Advanced Practice Nurse Designation

The position of the profession is that *advanced practice nurse* is an umbrella term appropriate for a licensed registered nurse who:

- Holds a graduate degree in nursing
- Has specialized knowledge and skills that are applied within a broad range of patient populations in a variety of systems and practice settings
- Is certified for advanced practice though a standardized certification process
- Accepts that professional certification validates and standardizes the qualifications and practice competencies of the APN and is the appropriate mechanism by which the public's health and safety can be protected
- Uses nursing and health care research in modifying nursing practice

APNs include:

- Clinical nurse specialists
- Nurse practitioners
- Certified registered nurse anesthetists
- Certified nurse midwives

Some people broaden the definition of APN to include the nurse administrator who:

- Is prepared at an advanced level
- Is essential for tailoring an environment in which professional nursing is practiced
- Contributes to a strong health care system where tension is reduced between those who deliver care and those who manage care
- Has the skill sets for forging partnerships and gives evidence of limitless creativity, ingenuity, willful integrity, lucid vision, and personal courage

The Institute of Medicine's recently proposed redefinition of *primary care* emphasizes elements that are the cornerstone of the APN role and broadens the definition to incorporate:[1]

- Expert practitioner-guided coordinated services and continuous care within an integrated pattern of service delivery to meet patient, family, and community health needs
- Early intervention
- Prevention
- Health promotion
- Appropriate diagnosis and clinical management of acute and chronic illness (that is, case or care manager services)

Reference

1. Vanselow, N. A., Donaldson, M. S., and Yordy, K. D. From the Institute of Medicine. *JAMA* 273(3):192, Jan. 18, 1995.

Glossary

One requisite of effective nurse executive practice is the ability to use appropriate language. Executive nurses are increasingly involved in activities directly related to the formation of integrated health care networks or systems, and in today's health care environment, their ability to evaluate potential organizational changes, develop plans for them, and implement them requires knowledge of business practices and business terminology. Whether representing nursing and patient care at the policy, process, or procedural table, the executive nurse's turn of phrase may determine the outcome of a discussion.

Because the language of health care is changing as quickly as the approaches to health care, the following cautions should be considered:

- Words and phrases often are applied to an activity or process to suit the situation and sometimes are open to different interpretations in other situations.
- Definitions or interpretations change over time as the referent changes. For example, *managed care* once was the referent for the phrase "managing the benefit package" and now is the referent for the concept of "managing resources."
- Legal and economic terms tend to have the same meanings over time. For example, the term *joint venture* is a joint venture in any business.

Thus, clarifying the definition or interpretation of terms and phrases facilitates effective communication.

This glossary breaks down selected and generally accepted definitions related to the formation of integrated health care delivery systems and managed care. The definitions herein were taken from these sources:

This glossary was compiled by AONE staff from existing sources. Selection of commonly used health care terms was made by Sharon Swan and Laura Kroll, and presented by Marjorie Beyers.

- Society for Ambulatory Care Professionals. *Glossary of Managed Care Terms in Issue Briefing*. Chicago: SACP, Jan. 1994. (SACP)
- Tools for Change is a strategic associationwide initiative sponsored by the American Hospital Association that offers practical, interactive services; publications; programs; and other resources to help senior executives, physicians and nurse leaders, and trustees move into tomorrow's health care delivery environment. (TFC)
- Weiner, J. P., and de Lissovoy, G. Razing a Tower of Babel: a taxonomy for managed care and health insurance plans. *Journal of Health Politics, Policy and Law* 18(1), Spring 1993. (WdeL)

The source of each definition is indicated by either SACP, TFC, or WdeL, and some of the definitions have been slightly adapted. If no source is indicated, the definition is a construction of this glossary's compilers.

Health Care Business Terminology

Acquisition: The purchase by cash or other compensation or the receipt by exchange or gift of majority voting control of a corporation or of all—or substantially all—the assets of a corporation. (TFC)

Affiliation: An arrangement between/among organizations by which the named organizations remain organizationally separate but have specified relationships and powers with respect to each other. An affiliation may or may not be permanent and may or may not result in common ownership and control of the affiliate entities. (TFC)

Alliance: Generally, an alliance is an association created to further the common interests of the member institutions. Among health care providers, *alliance* usually refers to a formal organization, owned by shareholders or controlled by members, that works on behalf of the common interests of its individual members in the provision of services and products and in the promotion of activities and ventures. (TFC)

Collaboration: The act of two or more health care providers, systems, or sponsors working together toward a mutually agreed-upon goal; process that involves a commitment on the part of two or more health care providers, systems, or sponsors to create and implement a new relationship or to accomplish a common goal or good. *Collaboration* is a very broad term encompassing activities that may take many legal forms, including joint venture, joint sponsorship, affiliation, and so forth. (TFC)

Common ownership and control: The existence of common ownership and control is significant for antitrust law purposes. Whether common ownership and control is created by a particular affiliation model will determine what actions are consistent with the prohibitions of antitrust law. Whether common ownership and control is created is very fact specific. (TFC)

Community Care Network: The term adopted by the American Hospital Association to give identity to a vision of how to organize community-focused health care delivery for the future. Community care networks will vary in structure according to community needs and values. They may be organized by hospitals, health care systems, physicians, nurses, managed care organizations, or community consortiums. They offer consumers of health services defined sets of health care services for a fixed capitated amount. Provider participants within the network, however, may be paid on a fee-for-service basis. (TFC) [Community Care Network, Inc., uses the name Community Care Network as its service mark and reserves all rights.]

Consolidation: This term has two definitions. In common usage, the term *consolidation* is used to describe any transaction by which the assets and operations of two or more organizations are combined into one. In the legal context, *corporate consolidation* is the process by which two or more corporations come together to form a new corporation, extinguishing the corporate existence of the original corporations. (TFC)

Corporate affiliation: A transaction through which corporations create legal relationships with each other, typically through the granting of membership or shareholder powers by one corporation to another. The existing corporations can continue. In the not-for-profit health care context, a corporate affiliation generally involves the designation of certain membership interests by the "acquiring" entity or system. (TFC)

Integrated delivery system (IDS): IDS presently describes many different types of provider groupings and combinations intended to enhance the coordination of services and reduce costs. Achieving greater levels of vertical economic integration and vertical clinical integration are general goals that may cause providers to seek to create an IDS. In addition, some definitions include health care delivery as well as financing mechanisms within an IDS. (TFC)

Integration: This term refers to the creation or enhancement of relationships among providers. The term has a variety of meanings depending on the context. Some of the most common integration terms are:

- *Clinical integration:* Refers to the establishment of mechanisms to coordinate care among caregivers in different care settings so that a "seamless continuum of care" is created. (TFC)
- *Economic integration:* Goals that may be achieved by increased economic integration include (1) the ability to contract for the services of the

providers who have become integrated in one transaction or "package" and (2) the ability to have central decision making regarding resource allocation and rationalization.

- *Financial consolidation:* Relates to the financial statements of the integrating entities. The financial statements of separate corporations may be presented on a consolidated basis.
- *Horizontal integration:* Refers to the combination of similar types of providers, often in direct geographic regions and serving different markets.
- *Vertical integration:* Refers to the combination of different types of providers to make available a comprehensive array of services. Full vertical integration exists when the full continuum of care is represented. (TFC)

Joint venture: The term *joint venture* may refer to any business venture or undertaking by two or more parties through which the participants combine their interests for purposes of the venture but otherwise remain independent. Generally, a joint venture is created for a defined length of time and for a specific business purpose or purposes. A distinguishing feature of the joint venture is that the participants remain independent and separate outside the venture's purpose(s). The legal use of this term refers to a commercial enterprise between or among two or more parties who have shared rights to direct and govern the venture and share in profits and losses. For tax purposes, unincorporated joint ventures are generally treated as partnerships; income is taxed directly to the partners rather than at the organizational level. Outside the legal context, the term *joint venture* is often used for any joint undertaking, whether for-profit or not. (TFC)

Merger: A transaction through which two or more corporations are joined together permanently. The transaction results in one survivor corporation. The legal existence of the other corporation or corporations is extinguished. The surviving corporation receives all the assets and assumes all the liabilities of the merged corporation(s). In large part, no action to transfer assets needs to be taken. This transfer generally occurs by operation of law, with the surviving corporation owning all of the assets and liabilities of both parties. (TFC)

Network: This term generally describes any loose affiliation of hospitals and other providers formed to pursue various specified goals, programs, or activities. The term also is used to refer to a panel of providers combined primarily for managed care payment purposes. Such a managed care network can be organized by a health insurance/managed care plan, or by the providers themselves who then contract with plans or may directly offer their product to employers or other direct consumers of health services. In some contexts, *network* has come to mean a group of hospitals, physicians, other providers, and/or community agencies that work together to coordinate and deliver a broad spectrum of services to their community. (TFC)

Stock acquisition: An acquisition of voting control of a corporation (whether not-for-profit or for-profit), where the acquired corporation becomes a subsidiary of the acquirer. If the acquired entity is a for-profit corporation and voting control has been acquired, then the transaction is considered stock acquisition. If the acquired entity is a not-for-profit corporation, then the acquisition usually involves the designation of membership rights to the acquiring entity. This type of transaction often results in the new member, that is, the acquirer, appointing a new board for the acquired corporation and may be referred to as *board replacement.* (TFC)

System: A corporate body that may own and/or manage health provider facilities or health-related subsidiaries as well as non–health-related facilities, including freestanding facilities and subsidiary corporations. In the past, this term generally has been used to refer to horizontally integrated hospital organizations, that is, multihospital systems. More recently such systems have evolved into more vertically integrated organizations of different types of health care entities—home care, long-term care, and acute care facilities and so forth—that are generally referred to as *health care systems* and that reflect diversification of care outside the acute inpatient facility. (TFC)

Managed Care Terminology

Capitation: The actual prepayment to a provider or insurer, and also the process by which a negotiated package of comprehensive and continuous health care services is provided on an annual basis, regardless of actual use. (WdeL)

Case management: (1) A system for assessing, planning treatment, referring, and following up patients in order to ensure the provision of comprehensive and continuous service and the coordination of payment and reimbursement for care. (SACP) (2) An arrangement where a "case manager" serves as a medical ombudsman responsible for coordinating the care process for selected consumers. (WdeL)

Contracting parties: The parties to contracts are categorized by Weiner and de Lissovoy as follows:

- *Consumers:* Persons who receive direct medical care services or reimbursement for the consumption of services as part of an organized health benefit program.
- *Intermediaries:* These entities act, at a minimum, as the administrative conduit between sponsor, consumer, and provider. Within many health plans, especially those that deliver care through a network of contractually

linked providers, intermediaries also bear responsibility for coordinating, managing, and integrating the activities of the providers. Intermediaries may or may not bear risk in the classic indemnity insurance sense.
- *Providers:* The independent clinical professionals and institutions who furnish services to the consumer.
- *Sponsors:* Employers who sponsor group health benefit plans and pay the major portion of their ongoing costs, including administrative and direct expenditures for medical care. (WdeL)

Cooperative: An enterprise or organization owned by and operated for the benefit of the consumers using its services. (WdeL)

Exclusive provider organization (EPO): (1) A network of health care providers that contract on a fee-for-service basis with an employer or third-party payer. Although enrollees may elect to receive care out of network, they must pay the full cost. (SACP) (2) A type of preferred provider organization (PPO) where the patient must "exclusively" use the providers within the PPO because of a lock-in provision. (WdeL)

Health maintenance organization (HMO): (1) An organization with management responsibility for providing comprehensive health care services with an emphasis on preventive care on a prepayment or capitated basis to voluntarily enrolled persons within a designated population. (TFC) (2) A prepaid organized delivery system where the organization and primary care physicians assume some financial risk for the care provided to its enrolled members. (WdeL)

Independent practice association (IPA): A type of HMO that contracts with sole practitioners in medicine, dentistry, and other health care fields. From the patients' perspective, they receive network care when selecting among the affiliated providers, who also may serve fee-for-service patients. (SACP)

Managed care: The provision of health care in which access, cost, and/or quality are controlled by direct interventions either prior to or during service delivery. These direct interventions result in the micromanagement of diagnosis, treatment, and use of procedures. (SACP)

Managed indemnity plan (MIP): A type of health plan where the insurer (or its agent) uses a significant number of utilization controls to manage the practices of the providers it reimburses. (WdeL)

Management services organization (MSO): An enterprise that builds, directs, and controls managed care delivery systems. Frequently, insurers fulfill these functions in markets where managed care arrangements have not been pursued by providers. (SACP)

Nurse executive practice: The role of the nurse executive is to (1) design processes and systems for high-quality patient care delivery; (2) manage patient care delivery in a variety of settings and in organizations of varying complexity; (3) ensure that the clinical processes of patient care enable clinical integration, consumer self-care and involvement, and continuity of care across settings and over time; and (4) ensure that standards for high-quality care are met. Nurses in executive practice are responsible for designing, facilitating, and managing care in systems that use education, research, and ethics to provide optimal patient care outcomes.

Open-ended HMO: Allows its members to seek care from other than staff providers at an additional cost. (WdeL)

Physician–hospital organization (PHO): An entity formed by hospitals and physicians to negotiate contracts with third-party payers to provide services under managed care. These organizations may also be involved in the management and oversight of the facility. (SACP)

Point-of-service (POS) plan: (1) The most recent configuration among the network models, the POS plan is a hybrid that contracts with a network of preferred providers for in-network care where the patient only pays a copayment. Enrollees can seek out-of-network care under the terms of traditional indemnity plans with a deductible and percentage charge. (SACP) (2) The POS plan is a hybridized managed care plan that offers the consumer a choice of options at the time he or she seeks services; the plan may be an open HMO, a triple-option plan, and/or a unified plan. POS plans are also known as *flexible health plans, mixed-model health plans,* or *hybrid model plans.* (WdeL)

Preferred provider arrangement (PPA): Similar to a PPO, except purchasers selectively contract directly with a provider, usually without the benefit of a comprehensive administrative entity like a PPO. (WdeL)

Preferred provider organization (PPO): A term applied to a variety of direct contractual relationships among hospitals, physicians, insurers, employers, or third-party administrators that form a network in which providers negotiate with group purchasers to provide health services for a defined population at a negotiated price. The preferred providers are often subject to other stipulations regarding the monitoring of utilization and appropriateness of care. (SACP)

Reinsurance: Additional insurance purchased by HMOs or other plans to cover specific risks such as out-of-area treatment. (SACP)

Risk: The chance of experiencing loss(es), financial or otherwise, often associated with a defined population. With traditional indemnity insurance, the risk for health care costs was borne largely by the insurer and to some extent the patient in the incidence of catastrophic illness. Managed care systems attempt to redistribute the financial risk for excessive and unnecessary care to the provider. (SACP)

Social health maintenance organization (SHMO): Social HMOs were first funded by Congress in 1984 to demonstrate the feasibility of providing integrated acute and long-term care for Medicare enrollees. SHMOs provided coverage for services for which individuals previously had to be self-insured. (SACP)

Third-party administrator (TPA): A private firm that serves as the agent or intermediary of a health plan in dealing with providers. It can be considered a distinct corporate entity, separate from the health plan or insurer. It bears no financial risk associated with the insurance function; some handle the claims payment process; many manage the care paid for by the at-risk entity. A TPA performing the preceding function is providing what is known as *managed care* or *utilization review*. (WdeL)

Additional Books of Interest

Nursing Leadership: Preparing for the 21st Century
Edited by the American Organization of Nurse Executives

To thrive and succeed in today's constantly changing health care delivery system, nursing administrators, patient care directors, case managers, and others involved in managing those who care for patients need enhanced understanding of key management skills. This book describes the important trends, issues, and skills needed by nursing management to promote organizational and personal excellence, inspire creativity, and achieve success. Practical strategies are provided to help nursing leaders manage change and eliminate or reduces stress.

Catalog no. E99-154152 (must be included when ordering)
1993. 150 pages, 12 figures, 3 tables.
$45.00 (AHA member, $35.00)

Transformational Leadership: Renewing Fundamental Values and Achieving New Relationships in Health Care
by Mary K. Kohles, RN, MSW, William G. Baker, Jr., MD, and Barbara A. Donaho, RN, MA

This book carefully looks at the role of leaders in transforming an organization to meet the challenge of providing compassionate, effective care within the restraints of current and future economic environments. You'll explore the visioning process, the continuous value improvement strategy, interactive planning methods, and the human and system factors that challenge transformational leaders. The book also describes the characteristics of organizations and their leaders that have made successful transformations possible.

Catalog no. E99-001116 (must be included when ordering)
1995. 294 pages, 14 figures, 1 table, 3 appendixes.
$40.00 (AHA members, $32.00)

To order, call TOLL FREE 800-AHA-2626